縱觀天下

縱觀天下

縱觀天下

縱觀天下

風情萬種是

巴黎

Paris he linct jomais

Paris he linct jamais

風情萬種是巴黎

貝蒂・米蘭 著

楊起 梅貽白 譯

臺灣商務印書館 發行

Contents 目錄

致讀者

設想某人為了寫作而小居巴黎，並以作家的眼光審視她。這就是我在本書中描繪的巴黎。

這不是巴黎人在日常生活所看到的巴黎，日常生活是他們在千頭萬緒中穿越的空間。這也不是遊客參觀的巴黎，遊客須聽導遊的安排。

我所描述的巴黎是一位步行者眼中的城市。步行並無他求，只為於無意中有所發現並繼而為文。換言之，信步所至，不問東西，讓漫遊中的發現帶來一份驚喜，然後展紙落筆。

我當時這樣做是因為我想念自己的國家。我需要新鮮的刺激以便重返童年的王國，這片我永遠思念的家園。

我出國遠行是完全自願的，與被逐者的流亡不可

混為一談。我自我放逐，意在通過寫作而在新天地裏重生。如此放逐必將令我感受到行文之福。這正是我在書中所表達的。海明威寫了《巴黎：不散的筵席》，與之神交便是我寫本書的起點。

在巴黎住下之後，我渾然不覺地融入了那些為了精益求精而擇居巴黎的作家與藝術家的傳統。因為我寫了這本書，我當然就和這本書一起建造出一座城市來，她像生我育我的聖保羅一樣屬於我。在聖保羅，浪漫情調可能已被鋼筋混凝土的建築擄去，濃厚的煙塵已不再使星星露面。

我願我筆下的巴黎能成為一份請柬，邀請人們來旅行。願它推動巴黎人，也推動外國人在城裏漫遊，信步所至，東張西望。願他們發現巴黎的風情萬千，如同一桌豐盛的筵席，歷久不散。

貝蒂‧米蘭

1 找到了巴黎的頭緒

我早就想寫一本關於巴黎的書，卻不知從何處下筆，於是我來到巴黎的龐畢度文化中心圖書館，借閱海明威的著作《巴黎：不散的筵席》。

開卷閱讀，發現他寫此書的起因竟緣於一次意外。那是1957年，海明威在西班牙旅行之後，途經巴黎，下榻於麗池（RITZ）飯店。

他萬萬想不到，飯店的行李員給他送來了兩隻他三十年前遺忘在這裏的箱子。

「難道這是真的嗎？」他深深地被巴黎人的這種「物歸原主」的友好情誼打動。

在這兩隻箱子裏，存放著他1921年至1926年間所寫的筆記，上面記錄著日常生活的經歷。那是他擇居巴黎，忍受著饑餓、致力於寫作的年代。

在如此不可思議的情況下重獲這些日記，難道可以再把它們打入抽屜的冷宮嗎？

不，不能。這些被保存了三十年之久的筆記奇蹟

▌位於旺多姆廣場的麗池（RITZ）飯店，1898年開張營業，是第一個設有個人浴室的飯店。

■ 海明威和巴黎莎士比亞書店女老闆比切

般地再現，彷彿向他下了一道命令：翻閱它們，寫一本介紹巴黎的書，那可是看著你走上職業作家之路的城市啊！

於是，海明威動手描寫他的巴黎，這也是喬伊斯、龐德和費滋傑羅的巴黎。對於他們來說，文學不是發財的營生，而是神聖的事業。

我讀《巴黎：不散的筵席》，只讀了幾頁便讀到了關鍵的一段話：「不必自尋煩惱。你一直在寫作，而且還將寫下去。要緊的是，能寫出一句有真知灼見的話才好。」

鑒於此，我寫下的第一句話便是「巴黎永遠不是同一張面孔」。我領悟到，我描繪的巴黎應該是那些在市內信步遊逛者眼中的巴黎。正是由於他們的信步漫遊，他們才能驚異地發現，巴黎是怎樣的變化萬千！

20年代的同一個巴黎曾先後吸引過海明威和亨利·米勒。米勒在《克里希的寧靜日子》（克里希是大巴黎的一個區，位於巴黎市的西北角──譯注）中歌頌了巴黎這座「灰色之城」，說「這些灰色對於創造一種充實和諧的生活是何等的必要」。米勒此書的精到之處是他把紐約與巴黎作了對比：「百老匯，是車水馬龍，腳步匆匆，是令人暈眩，是耀眼的燈光，沒有讓人可以坐下來的地方。而巴黎的蒙馬特高地卻是無精打采的、懶洋洋的、無動於衷的，有些不修邊幅甚至

■ 巴黎的灰色變成了一種突顯其他各種色彩的底色

是破破爛爛的。它不會令你著魔，卻能對你產生誘惑，它並不光芒閃爍，但卻如炭火那樣蘊藏著熾熱。」

令人驚異也好，令人感悟也好，巴黎把它的灰色變成了一種突顯其他各種色彩的底色。巴黎可以把你帶到一個異國，也能讓你返回童年的故鄉。對那些離鄉背井到巴黎來創作的人，巴黎是不會怠慢他們的。

只有巴黎才能讓這些遊子說，他們的離鄉背井是心甘情願的。儘管是異國的遊子，他們卻已加入了幸運者的行列。

巴黎甚至令像海明威那樣的遊子說，忍饑挨餓是一門課。當年海明威餓得別無他法，只好去看過去從未看過的塞尚（Cezanne）的油畫，看過之後便懂得了塞尚是如何作畫的。

放棄記者生涯之後，這位《老人與海》的作者在20年代每天只能吃上一頓飯，為了抵禦誘惑，他甚至要小心安排出門的路線，繞開有麵包店、蔬菜店和餐館的小街。

海明威的《巴黎：不散的筵席》的最後一章題為「風情萬種是巴黎」。在這一章中，海明威寫道，如果饑餓給你開示，如果你生活在一個你有付出，它便回報，一個永遠不會冷漠的城市，那麼，饑腸轆轆又何妨？

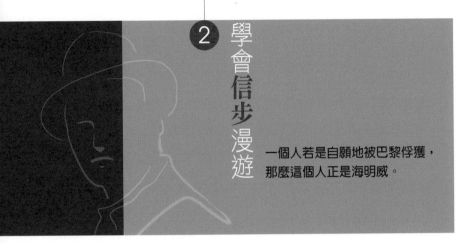

2 學會信步漫遊

一個人若是自願地被巴黎俘獲，
那麼這個人正是海明威。

在塞納河邊，他忘情於觀看河水的流淌和垂釣者的閑度時光，忘情於觀察一夜暖風帶來的春的萌發，忘情於在畫廊的櫥窗前駐足端詳。

他像個流浪漢一樣在河邊、公園和大街上彳亍，但與流浪漢不同的是，他是為了寫作。流浪漢沒有職業，而作家為了職業卻要學會流浪。

作家的工作要求他信步漫遊，但這絕不意味著他也是無業遊民。

作家的工作還要求他天真，但不是兒童的天真，那是經過艱苦的磨練得來的。作家的天真只是用兒童的眼睛去看世界的天真。

海明威的巴黎既是一個無業遊民的巴黎，也是一個為了更好地觀察而變得天真的人眼中的巴黎。

海明威沉醉於閒逛給他帶來的啟示，同時他也主動去尋求啟示，這些啟示正是巴黎通過它無數的藝術傑作向人們提供的。

　　在《巴黎：不散的筵席》中，海明威敘述道：每天下午，他都穿過盧森堡公園的小路，去博物館看印象派的作品，在塞尚的油畫前流連，並由此體會到，只用一些簡單真實的句子，遠遠不足以寫出自己想像中的作品。

　　由於藝術的存在，巴黎推動著藝術家勤奮地工作。巴黎實際上也在幫助藝術家，這是因為曾有其他藝術家在這裏生活過，他們雁過留聲，因此也可以說他們悄然活在這裏。

　　從書中所述，海明威經常到聖米歇爾廣場的一家咖啡館去，靈感所至，掏出一張小紙，就在上面寫上一段。通常，他先要一大杯牛奶咖啡，當寫得順手時，他就要一杯馬提尼克的萊姆酒，喝完了再要一杯，然後再要第三杯，這時，他就把他看到的一位正在近處等人的妙齡女郎寫進他的故事中。他偷偷地笑，自鳴得意：「寶貝，我的眼睛捕捉到了你，不管你在等誰，也許今後我永遠與你再難一見，但從此你就屬於我了。」

　　巴黎，也是海明威和他的同代作家們的巴黎。海明威在書中對他們的描述也使他們長存於世：他描寫

喬伊斯和巴黎莎士
比亞書店女老闆比
切，比切是《尤里
西斯》的出版人。

龐德曾生活在一個小亭子間內，這個亭子間寒酸至
極；而作家斯泰茵夫人的工作室，則豪華闊氣，她身
邊時常聚集著許多畫家、雕塑家和作家；喬伊斯則雙
目幾乎完全失明，有時他在電影院「聽」了電影之
後，還堅持要去聖日耳曼大街走走；費滋傑羅，在Les
Deux Magots咖啡館一杯香檳在手，對海明威誇讚再
三，使得海明威十分窘迫，不敢細聽，便坐在那裏悶
頭喝酒，邊喝邊看著這位《大亨小傳》作者的金黃色
鬈髮，還發現「費滋傑羅的嘴非常特別」。

巴黎的珍貴就在於它的藝術瑰寶以及那些不斷推陳出新的藝術家們。巴黎有如一道光芒，光源正是那些宏偉的歷史建築，是雕塑，是油畫，是文學著作，同時也是這些藝術欣賞者們的目光。

　　巴黎是一部歷史，它奉送給你夢想。它也能讓你換一個角度對待你的現狀，特別是當你的現狀不順心，與你定居於此的形象不相符合之時。

　　海明威及某些超現實主義者認為，人際關係應該由作品，而不是由市場來決定。今天，或許巴黎仍然缺乏他們所期盼的那種氣氛，然而，要知道，巴黎並不是一成不變的，它還在不斷地完善自己。

　　巴黎仍能庇護那些自願放逐於此的人，他們等於在此又找到了一個祖國。

　　巴黎歡迎任何人前來悠遊，它的雙臂是張開的，就像夏特萊廣場上那座金色的雕像一樣。那是一位以「勝利」命名的豐滿天使，左右手各執一頂桂冠，伸向塞納河。

　　巴黎從不向任何人發出召喚。相反，自古以來，都是人們在讚美它。巴黎是位公主，她的生活中從不缺少頌歌和讚美詩。

　　女神雕像和噴泉是西方的一種象徵，沒有它們西方也就不復存在，所以，儘管當年希特勒下了命令，德國兵仍然沒有把巴黎的女神雕像和噴泉炸掉，其原因大概就在於此吧。

■ 夏特萊廣場上的金色雕像

PLACE du
CHATELET

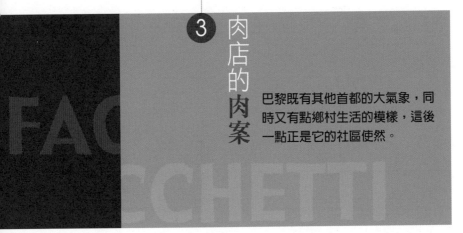

3 肉店的肉案

巴黎既有其他首都的大氣象，同時又有點鄉村生活的模樣，這後一點正是它的社區使然。

在你居住的街區裏，人們說了話是算數的，與人方便，與己方便。麵包店的老闆可以賒給你麵包，藥店也可以在沒有處方的情況下賣給你一些安眠藥，只要你答應儘快補交方子。顧客對店鋪忠誠，店鋪就對顧客信任。店主對他的顧客誰說話算數，誰說話不算數，都心知肚明。

最受關注的要算是肉店的老闆了——「我的那家肉店老闆」。怎麼說是「我的」呢？為什麼說是「我的」？

這是為了讓你知道，當你的住處附近有一個出色的肉店老闆時，那真是一份福氣。叫他一聲「我的老闆」，也是為了從他那裡多得一點照顧。

在法國，人們講究吃，為了吃得好，誰也不惜

「我的」那家肉店

力。在一個社區裏，如果沒有「自己的」肉店，如果沒有肉店的小老闆每天早上精神飽滿地依肉類的顏色擺設出來的櫥窗和肉案，那這樣的社區就簡直難以稱之為社區了。

紅色是牛肉的顏色，絕不會和玫瑰色的羔羊肉擺放在一起。

略帶赭石色調的白肉有其專門的架子。家禽都整齊地排列著，一個挨著一個，有時候在它們的胸脯上還貼著一個漂亮的圓形紅商標。

肉店的臺面簡直就像畫家的調色板。

此情此景，怎不令我吃驚？在我的國家裡，肉都是散亂地擺在櫥窗內，而且，錢是最重要的，有了錢才能説到買肉。

沒有一個外國人能一下子掌握與肉店老闆溝通的訣竅，因為你必須具有一定的烹調學問。正因如此，我的這位小老闆才隨時願意對我的問題作出解答，他總是非常隨和愛聊。

您要勃艮第牛肉？那好，夫人，您就拿這一塊，在鍋裏放上勃艮第紅酒，用小火慢慢地煨吧。

您不懂「煨」是什麼意思？很簡單，就

是用小小的火煮您的牛肉。小老闆還會告訴你如
何把最老的一塊肉燒得又軟又嫩。

　　一個是天生的顧客，一個是天生的商人，兩
人就這樣建立起聯繫，然後，日復一日地對話，
便開始產生了始料不及的默契。

　　這是一種特殊的關係，它只存在於社區之
中，存在於同居此區的人們之中。他們在同一家
麵包店買麵包，在同一個小館子裡喝咖啡，在同
一個亭子買報刊雜誌，到同一個診所看病，送孩
子到同一所學校，或陪孩子去同一個公園玩耍。

　　社區是擇居於此的人們的小小祖國。他們會
一致抱怨區裏缺少一個好商人，或者抱怨市府撤
銷了一個服務部門。他們會推著嬰兒車蹓躂，多
年後再次相遇時會問對方孩子長成什麼樣啦。而
且，他們都有同樣的「懷鄉病」。

▌社區是擇居於此的
　人們的小小祖國

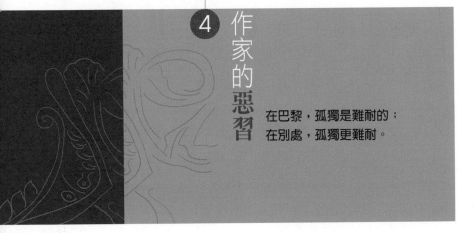

4 作家的惡習

在巴黎，孤獨是難耐的；
在別處，孤獨更難耐。

在巴黎的孤獨感要輕一些，這是因為這座城市有著驚人的美麗，還因為它的街角總能給你展示出一點意外：一隻你在新角度看到的鴿子，一根你過去從未注意到的頂端的婦女頭像的立柱，或者是建築物上的一個怪面飾。

海明威作品中的一個主題便是景物對人的影響，這並非出自偶然。請聽他的解釋：「望著垂釣者和河上的生活景象，看到那些漂亮的平底船和生活在船上的員工，那些在駛過橋洞時將煙筒由前向後放倒的拖輪，身後拖著長長的一串駁船，望著石砌岸邊的巨大榆樹、梧桐，還有某些地段的楊樹，我從未在塞納河邊感到過身孤影單。」

海明威迷戀風景簡直到了著魔的程度。觀景的結

果使他數年後成為一個說書人，說的就是他自己寫的書。實際上，該書在他觀賞景物時已開始構架了。他看風光，是從現實漸入想像。

海明威把巴黎當成毒品來吸，吸後實現的飄感與光感使之忘卻了自身的存在，並且一下子讓他苦澀的孤獨感化為烏有。喪失了自我意識，還何談孤獨呢？

正因為巴黎是一劑毒品，它才成了海明威的筵席。

戀巴黎，這是作家的惡習。

寫作的人需要走過別的作家足跡所至之處，需要遊蕩，才能避開現實並沉浸在想像之中。

當我凝望塞納河時，我看到的是流淌的甘蔗汁，於是我好像又回到了童年的村莊，那是在巴西聖保羅的鄉下。

我看到了榨汁機，聽到了甘蔗的斷裂和蔗汁的流淌，又聞到了甘蔗汁甜絲絲的香氣。當我走過聖母院時，我想到的是小說《巴黎聖母院》，我想到的是維克多‧雨果。雨果當年就住在附近，他為了寫這部小說把自己關在家裏，如同蹲監獄一般。

我記得曾讀過一段文字，說的是雨果冬天開著窗子寫作。於是，我自忖道，文學真讓人溫暖。

忽然，我眼前閃出艾絲美拉達，她在聖母院前的小廣場上，踩著巴斯克的鼓點起舞，圓潤的雙臂舉過頭。這個吉卜賽女郎「活潑得像胡蜂一樣」，一頭黑

■ 巴黎的街角總能給你展示出一點意外，這是拉普大街29號的大門裝飾。

髮，一雙火辣辣的眼睛。

面對著聖母院，誰能不想到鐘樓怪人加西莫多？他雙腿騎在鐘壁上，在高空中隨巨鐘擺動。

維克多・雨果將之漫畫化了：大頭，背後隆起一個巨大的駝凸，彎得像鐮刀樣的羅圈腿。但是，雨果塑造的這個怪物由於他對艾絲美拉達的衷情而受到讀者的喜愛。

如果沒有鐘樓怪人，如果沒有卡岡都亞（文藝復興時期法國作家拉伯雷小說《巨人傳》中的食量驚人的巨人──譯注），《巴黎聖母院》這部小說也就失去了根基。卡岡都亞從一個尖塔頂端對著巴黎人撒尿，惹得巴黎人又罵又笑。以笑作答，在古法文中寫為「Par ris」，拉伯雷歪批字源，說巴黎原本叫「呂德西亞」（Lutetia），自從該市的人被卡岡都亞尿笑之後，便改稱Paris了。

巴黎是不少作家以及他們筆下人物的夢之鄉。里約也是一個夢之鄉，是森巴舞曲的作者和每年嘉年華推出新人物的夢之鄉。

沒有一個外國人會想到里約而不聯想到森巴舞和嘉年華的花車。

里約的市旗，大多數的巴西人都識別不出。但是，哼不出主要森巴舞曲的人卻是罕見的。

《馬德里鬥牛之歌》曾是整整一代人的流行歌曲。巴西人如果記不住布拉基納的歌詞，也就稱不上巴西

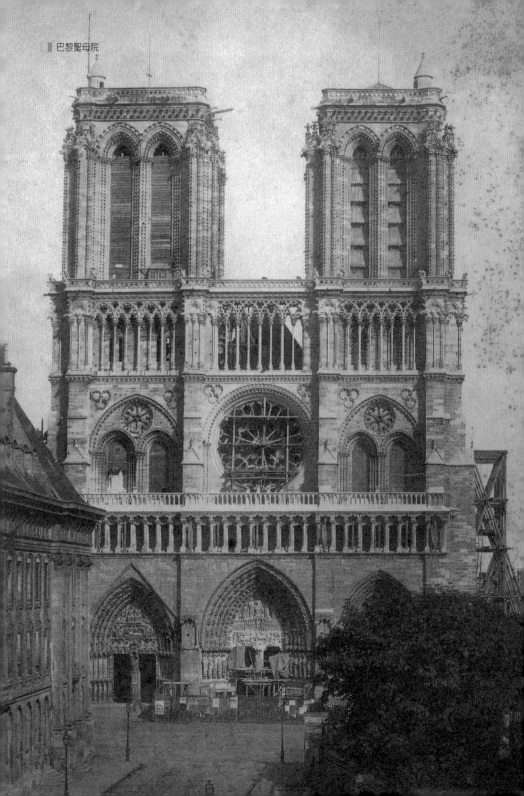

巴黎聖母院

人了。這段歌詞如下：

> 我認識了一個生在卡塔盧尼亞的西班牙女人
>
> 她想讓我撥弄響板
>
> 還想叫我雙手抓住公牛
>
> 見她的鬼去吧
>
> 快給我走開
>
> 別來擾亂我
>
> 我只愛森巴

里約的空氣中都漂浮著音樂，巴黎呢？空氣中漂浮著的是文學。在這裏生活的作家，從某種意義上講，都自願被巴黎收養而變成了「巴黎人」。他是Parisien，從言論的角度而言，他也是parrhisien，因為在希臘文中，parrhisien一詞的意思正是「言論自由」。

作家擇居巴黎，為的正是獲得這份自由。在巴黎，他們無須向任何不認可的理想折腰。在巴黎，作家做什麼事，實際上，都是地下活動，沒有任何人會對你的活動評頭品足。

之所以說作家生活在地下狀態，那是他的職業使然——他一定是思想插上翅膀，飛向想像之國。他的理想之國，別人是入境無門的。

作家像個瘋子一樣遊蕩，但與之不同的是，他雖然也反復走過同一個地方，目的地卻是另一個新鄉。

作家縱情遊蕩，為的是尋找不同的題材。

5 草地上的午餐

只須看過馬奈畫的《草地上的午餐》，你就會明白，對於一個藝術家來說，巴黎真是一塊寶地。

這幅油畫很可能是一個最好的示範，它告訴你，什麼叫順應時代潮流而又同時保持永恆。

那個在草地上午餐的裸女直視著觀眾，抓住觀眾看她的目光，就像當場抓住罪證一樣。她在揭露著每個觀畫者隱藏起來的偷窺癖。

這幅作品鬧得沸沸揚揚，其原因蓋在於這項罪證，在於裸女的眼神。這眼神將觀者變為被觀之物，並逼使觀畫者反觀自己，發現自己反倒成了偷窺癖的俘虜。

參觀畫展本是去看畫的，結果反被畫上的人物所看，還要與自己的欲念進行一番對抗，這樣的畫展過去沒人願去，現在沒人願去，將來也不會有人願去。然而，馬奈卻創作了此類畫，所以說，他是永恆的現

▌馬奈作品《草地上的午餐》

代派。

　　海明威在巴黎時總願意去看馬奈的畫，也就不足為怪了。

　　馬奈主張藝術家應有獨到之處。在參觀博物館時，海明威從馬奈的作品中學習敢想敢為。

　　馬奈被約請培養新畫家，他回答道：「我收不了學生。我能教出什麼道道？什麼道道也沒有，或者說只能教一點淺薄的東西，用兩句話就能概括：第一句是，黑色是不存在的；第二句是，不要照搬別人畫作上的東西。」

　　在此回答中，馬奈講了這樣一個道理：藝術家應該認知前輩們的藝術，但不是為了亦步亦趨，而是為了另闢蹊徑。

　　在更高的層面上，馬奈指明，藝術家要自尋創作之路，藝術創作無師可承，亦不可自尊為師。

　　馬奈正因為不以大師自居才

成為一代宗師。

　　就這樣，他聚攏了
一批有獨立見解的畫
家，各具特點，互不相
似。他們後來都成為印
象派畫家。

　　這些人都去觀看馬
奈的畫，不是為了和他
雷同，而是為了以同等
的膽量獨闢蹊徑。

　　巴黎和馬奈一樣，
推動著藝術家進行觀
察。

　　藝術家只要把巴黎
當成自己的故鄉就可以

▌馬奈的照片

在那裏學習創作了。因為巴黎是推著你學習的，每個
藝術家都是一個自學成材的人，藝術家的自我培育過
程就是一個細看別人的藝術之道，並將其與自己的藝
術之道對比的過程。

　　他看門道並進行對比，直到揮灑自如，自成一
家；直到工作起來如同一個人走在一個熟悉的城市裏
一樣，絕不會害怕迷路，因為不管走哪條路，他總有
把握到達目的地。

▌德加給馬奈畫的像

當適宜於他本性的藝術形式與他追求的藝術形式相吻合時，藝術家就能揮灑自如，自由自在了。

　　這時，他不管承受著什麼壓力，他對周圍的輿論便毫不介意了。

　　在《巴黎：不散的筵席》中，海明威給我們提供了一個這種獨立性的好範例。

　　他回顧說，當他寫《季節已過》時，他沒有交代故事的結尾。他這樣做是根據了一種理論。

　　該理論認為，省略比講述更有力量。只要作者的無言是刻意安排的，他完全可以不講述故事的某一部分。

　　海明威心裏完全明白，對於他寫作的新方式，當時是不會有人理解的。但他確信讀者終有一天會接受，因此，對他來說，擁有時間和自信便已足夠了。

　　海明威當時知道，既然新鮮事物無立足之地，那就需要堅持不懈，否則，藝術將會消失。

　　正因為巴黎是個接納異鄉客的城市，正因為這是藝術家在此不受來自故鄉壓力的地方，所以巴黎能夠協助藝術家抗爭。

　　許多擇居巴黎的藝術家抵制了即時成功的誘惑，在藝術史上，巴黎是一座獨一無二的城市，一座由勇氣造就的城市。

6 萬花筒

當一個人在一個城市漫遊時,他可能數次經過同一個地方,然而看到的卻並不總是同樣的景物。巴黎給人留下的此種感受更強烈,因為它的紀念性建築物集中,街道熱鬧。

就像一件藝術品一樣,巴黎讓人看不夠。

在塞納河穿過巴黎的中心河段,有兩個河心小島,一個叫聖路易島,一個叫西岱島。在陽光燦爛的日子,遊人信步來到連接聖路易島和西岱島的橋上,他一定會流連忘返。

掃視河岸,他會被巴黎聖母院所吸引。這座大教堂,如果向它的後圓廳方向看去,它便給人以向前爬動的感覺,它的拱扶垛很像是一些觸腳。遊人若向右輕輕轉頭,便可看到市政府的大樓和附近的聖雅克塔。這時,也許會令人聯想到西班牙聖地牙哥城的羅馬教堂群。

此後,他會把視線停留在市府大樓頂端的綠色銅雕像上,這是一些中世紀的騎士,帶著頭盔,手持佩劍。再聯想到聖母院的那些銅像,以及聖母院東側的

▌鳥瞰聖路易島和西岱島

P A R I S

使徒和傳教士的雕像，他會浮想聯翩！

十四世紀由維奧萊·勒·迪克負責修復的聖母院的塔尖，箭一般直指雲霄，遊人須仰頭而視，如同在中世紀那樣，它將遊人引向上蒼。這時，時間似乎在凝固。在這一瞬間，仿佛有一隻手打開了河岸邊居民房屋的一扇窗戶——那是十四世紀的建築，美輪美奐，是巴黎聖母院的極好陪襯。

向左轉，遊人可以看到先賢祠的穹頂。先賢祠那科林斯式的列柱廊正是模仿了古羅馬的列柱廊風格。這很自然，因為巴黎的前

身正是呂德斯城，一座高盧——羅馬人的城市。

　　遊人左顧右盼，瞻前觀後，他在每一個方向看到的都是法國文明的一個不同的時期，這文明是個真正的萬花筒。

　　如果他累了，轉身背對河岸，雙臂靠在綠色的橋欄上，但他的眼睛仍不能得閒。

　　或許，他會俯視微波起伏的河面，那河面在陽光

先賢祠

亞歷山大三世橋和
微波起伏的塞納河

下顯得那麼柔和；或許，他會注視著從橋下鑽出來游
向岸邊的一群活潑可愛的小鴨子；或許，他盯住一條
滿載的拖船，或者某個在遊艇上向橋上的行人招手的
日本遊客。

　　這些景物，他可以盡情領略，只是要注意「檢
點」，別盯住那些在岸邊進行日光浴的女郎目不轉睛就

行。在這個角落，巴黎真是秀色可餐。若在春日裏，風光堪稱無限。

　　海明威説得好，在春季，心情愉快是不成問題的。除了那種令人惱火的會面，否則，沒有任何東西能夠破壞你的好心境。

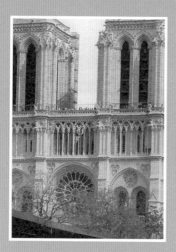

7 流亡者的祖國

走進地鐵,你可能意想不到地聽到一段帕格尼尼的變奏曲,你也可能聽到南美安第斯山區印地安人特有的緩慢而憂傷的樂曲,演奏者是一群身著黑衣的玻利維亞人。

他們很悲哀,但這又何妨?地鐵是屬於他們的。在巴黎,他們如同在自己的家園一樣,因為這座城市庇護著他們的鄉土文化。

這些玻利維亞的印地安人,他們的祖先已被殘殺,他們已無法再在自己的國家裡歌唱自己的土地。他們在巴黎的地鐵裡演奏,以此方式來收復失去的家園。

這樣做,他們是在逃避流亡的現狀。那淒涼的笛聲彷彿把的的喀喀湖(Titicaca)搬到了法國,這笛聲證明,他們能倖存下來生活在世界上,乃天理使然。

對那些只能在國外歌唱自己祖國的人,那些離鄉背井的流亡者,巴黎就是他們的祖國。

敘述鄉愁之人是在斷言,不管發生過什麼事情,

過去的歲月是美好的，有朝一日，他會返回自己的家園。

▌巴黎聖母院旁邊的畫攤

　　思鄉者是在表露自己的期盼。巴黎是思鄉和希望的祖國，巴黎還是一個避風港。在這裏，一位藝術家，儘管眼下沒有商人願意接受他的作品，但只要他有才分，就可以習藝。

　　他在街頭獻藝，觀眾自發地圍攏過來，總要給他留下些許酬報。他手持一頂帽子，人們扔進一法郎、兩法郎或五法郎的硬幣。當他繼續表演時，便把帽子擱在地上。表演的佈景很可能就是巴黎聖母院，伴奏

的樂隊則是一台答錄機。

帽子是收銀台，巴黎聖母院是佈景，答錄機是樂隊，於是，萬事俱備，你只需表演。

這樣的露天劇場在公園裏、廣場中或橋面上隨處可見。例如聖日耳曼廣場、龐畢度文化中心門前廣場、路易‧菲力浦橋等人，這些都是獻藝者的地盤——噴火人、小丑、江湖藝人，還有那些街頭歌手、默劇表演者和小提琴手，幾乎沒有一個巴黎人不曾看過他們的演出。

▌龐畢度文化中心廣場前的街頭藝人

巴黎人對藝術的品味是其胸懷博大的核心。巴黎

華裔建築師貝聿銘
主持的羅浮宮改造
工程

人懂得欣賞，他們通過欣賞來吸納外來之物。於是，
外國的藝術家便薈萃於此。

　　但是，當涉及到巴黎的美時，選人的唯一標準是
才能。

　　此事最好的證明，便是法國當局選中定居美國的
中國建築師貝聿銘，請他主持盧浮宮改造工程的設

計。貝出色地借鑒了法國藝術家勒諾特爾的構想，完成了這項傑作。

　　巴黎人看重一件藝術品，不是它的異國風味，而是它的普遍性。巴黎人要的是別人特有的、卻又具有普遍價值的東西，此物應在大眾所熟知的寶庫中佔有一席之地。

至於那些真正全新的、真正異樣的東西，在法國
比在北美和南美需要更長的時間才能被接受。這一
點，不論是對外國的還是民族的東西，都是一樣。

一個很好的例子便是羅丹的《巴爾扎克塑像》的
經歷。

經過三年的構思，羅丹還是決定讓巴爾扎克穿睡
袍，就是大作家平時在家著衣的樣子，而不是雕成一
個穿著正式服裝的巴爾扎克。

批評家們對羅丹沒有客氣，他們冷嘲熱諷地問
道：難道需要花上三年的時間才找到巴爾扎克的裁縫
的位址，然後讓他給作家縫製了一個大袋子嗎？

結果，這座塑像一直棄置於羅丹的工作室內，直
到羅丹死後才由石膏模鑄銅成像。

另一個抵制新生事物的例子是馬奈畫作的故事。
在莫內的努力下，馬奈的《草地上的午餐》在他去世
兩年之後才得到認可。莫內於1880年給法國的主管部
長寫了如下的信：「馬奈並不僅僅發揮了個人的巨大
作用，他還代表了一種偉大的、碩果累累的變法。如
此的畫作竟不在國家收藏品之列，在連他的學生們都
已被接納的地方，大師本人卻無門可入，在我們看
來，這是不可容忍的。」

8 而是持久榮譽 不是一時轟動，

巴黎愛作家，
其證物比比皆是。

巴爾扎克1840年至1847年所住的房子已闢為博物館。雨果在孚日廣場的套房也成了博物館，他曾在那裏寫出《悲慘世界》並接待過巴爾扎克。

還有以作家命名的街道：高乃依街、拉辛街、莫里哀街、狄德羅大街、伏爾泰濱河路等等。

別忘了還有雕像。

在索邦大學對面，銅雕的蒙田坐在那裏，雙臂雙腿交叉著，手持一本合上的書，雙眼沉思。對於行人，他無動於衷，拉丁區的大學生常用口紅塗抹他，他也無動於衷。

雕像的基座上刻有蒙田對巴黎的愛情宣言，不可不讀：「只有這座偉大的城才使我成為法國人。此城首先是偉大的，也是五光十色、無與倫比的。它是法

國的榮耀，也是世界最高貴的飾物之一。」

　　還有一句話使我們更有理由喜歡蒙田，早在十六世紀，蒙田在談及巴西的食人族時就說過：「讓人們把不符合自己習慣的事都稱之為野蠻吧。」

　　在作家的雕像中，羅丹博物館中的巴爾扎克雕像令人難忘。羅丹塑造的這個巴爾扎克在沉思之中，對

 巴爾扎克當年所住的房子已闢為博物館

於周圍的一切已全然忘情。你光從他那眼神便可知曉，他是作家的象徵。

除了這些為紀念作家而樹立的藝術品之外，巴黎還設立了許多標牌，用以指示作家們曾經生活與工作的地方。

維斯貢蒂路17號門前牌子上寫道：這裏是巴爾扎克印刷廠的舊址。龍街30號的牌子告訴行人，維克多·雨果曾寓居於此。

這些牌子並非專為法國名人而設，外國名人也有一份。如愛爾蘭作家、詩人兼戲劇家王爾德（Oscar Wilde，1900年在巴黎病逝，巴黎寓所在藝術街13號），尼加拉瓜詩人達里奧（Ruben Dario，埃爾舍爾街4號），匈牙利詩人奧第（Endre Ady，卡齊米爾·德拉維涅街3號），等等。

有些紀念牌令人為之動情，獻給德斯諾斯（Desnos）的一塊便是如此。德斯諾斯被蓋世太保逮捕，死於集中營。紀念文字寫道：「他死了，因為他熱愛自由、進步和正義。」（馬紮麗娜街19號）。

巴黎這座城市不斷地喚起你對這些生命的回憶，無論是在大街上還是在先賢祠裏。入葬在先賢祠的有

伏爾泰、雨果、埃米爾‧左拉和安德列‧馬爾羅。

　　巴黎讓人們永遠銘記作家，這樣做，也就使自己不朽了。巴黎以自己的方式向人們昭示，媒體為某人造成的轟動，較之大眾給予一個人的榮譽，是何等的微不足道，因為只有榮譽才能使一時變為永久。

　　轟動效應是美國文化的產物，榮譽則源自法國的貴族文化。轟動是曇花一現，它並不包孕記憶，轟動效果需要不倦地爭取；而榮譽的應有之意是永存，它是回憶的同義詞。榮譽一旦獲得，它便得到永生。它是在人對時間的鬥爭中誕生的，這是人對於死亡的想像勝利。

　　就這樣，巴黎把作家奉為聖人，作家也就和巴黎一樣，是不可褻瀆的了。

　　亨利‧米勒（美國作家，1930年擇居法國，在法國寫成了《北回歸線》和《南回歸線》。這兩部書在美國出版後曾被指控為淫書，1964年美國最高法院否決了州法院的裁決——譯注）曾在《克里希的寧靜日子》裡寫道，法國人對作家的尊重使他們從來不會將作家宣判為罪犯。

　　正因如此，巴西現代派作家奧斯瓦德‧德‧安德拉德寫道，他每次返回巴西時都會「走私」，即私下帶回他對巴黎深深的懷念。

先賢詞

P
A
R
I
S

9 旅行者須徒步

在巴黎的名人紀念牌中，嵌在卡蜜兒·克勞德（雕塑家，羅丹的學生與情人）住房牆上的那一塊是最為動人的一塊，此處是聖路易島波旁濱河道19號。
紀念牌的文字內容僅僅是兩句話。

第一句提及卡蜜兒·克勞德的悲劇：「卡蜜兒·克勞德於1899至1913年曾在此樓對面後院的一層居室生活與創作。1913年，她短暫的藝術家生涯結束了，代之以在精神病院遭受囚禁的漫漫長夜。」

第二句是她在1886年寫給羅丹信中的一句話：「總覺得缺少點什麼，令我頗受折磨。」

讀著這些語句，再想到她與羅丹的愛情故事，人們立刻會想到卡蜜兒精神失常之事，並將她變瘋的原因與她對羅丹的深情聯繫在一起。當時羅丹已有家室並一直維持了下去。

愛情又浮現出來，令你回想起你自己的種種愛情經歷。人們總期盼在巴黎能經歷一段情緣。在歌曲中，這座城市已被描繪為天地融愛之處——巴黎的天

■ 羅丹作品《卡蜜兒·克勞德像》

空鍾愛聖·路易島──情人們在這裏散步，因為這裏
的一切皆為愛情而存在：

　　在巴黎的蒼穹下

　　情人們漫步

他們的幸福

構築於為他們譜寫的旋律之上

在這裏，一定要信步閒遊。而同樣重要的是路線的選擇。從羅浮宮到市政府，如果乘地鐵而不是沿河岸步行，那麼，你就看不到塞納河在維爾加朗小廣場處一分為二；看不到新橋上展示的形色各異的面具；你也會錯過巴黎裁判所的中世紀尖塔在水中的倒影。

「步行吧」，這是巴黎向你發出的召喚。你不要怕累，在濱河大道，在大街上，在廣場裏，你總能找到一條長凳坐下小憩。

在春天或夏日，沒有比在城中信步漫遊更愜意的事了。令你隨時駐足欣賞的東西太多了──街頭的默劇表演，地鐵中的優美歌聲，一個流浪的演奏小組，一座你經過無數次卻從未細看的雕像等等。

這是你可能產生某種似真似夢的感覺，產生未曾吸毒而如醉如飄的感覺。

步行，才是遊覽之道。

巴黎是座天生麗質之城，《米羅的維納斯》歸屬於羅浮宮亦並非是一件偶然的事。

難道它不是法國人在1820年從希臘人手中搶過來的嗎？那時，它正準備被運往奧圖曼帝國的首都君士坦丁堡，而希臘尚在奧圖曼帝國的版圖之內。

這座雕像離開了它的發現地米羅島，卻沒有被運

卡蜜兒・克勞德作品《長舌婦》

往君士坦丁堡，而是運到了巴黎。這到底是出於法國外交的高超手腕呢，還是因為有一艘法國軍艦適時地停泊在米羅島的岸邊？人們不得而知。

反正維納斯是被安放在了羅浮宮裡。

羅浮宮收藏的《米羅的維納斯》

PARIS

10 超現實主義的巴黎

如果巴黎需要有個守護女神的話,那便是維納斯。至於城市之神,那要算是夢神莫菲斯。他手拈鮮花輕搖,把人們送入夢鄉。

在巴黎,現實乃虛幻的另一面。

難道是這座城市的劇場特質所致?

當夜幕降臨的時候,當日光讓位給黃色或桔紅色的路燈時,你周圍的景色猶如同一台佈景,城市的空間令人想起劇場,使你不知不覺地進入幻境。

在華燈初上之時,如果你身處聖路易島的岸邊,你會感到有一齣新劇碼即將上演,劇中的人物將出現在某一座陽台上。

你會隨著幻覺目不轉睛地注視著陽台——這些凸現於輪廓優美的牆面、美得讓你屏息的陽台。

你所等待的劇中人物當然不會出現,於是你便墜入想像之中。從凝視外部現實到反觀自我的現實,從放眼城市到反觀自己。

PARIS

睡在街頭的流浪漢

　　巴黎和超現實主義一樣，都能誘發你的夢想。僅此一點，我們就可以説，巴黎是座超現實主義之城。

　　之所以這樣講，還因為超現實主義誕生在巴黎實非偶然。在這裏，正如超現實主義者所追求的那樣，夢幻與想像就貫穿在日常生活當中。

　　亨利‧米勒在《克里希的寧靜日子》裡寫道，在巴黎，他最願意走出家門，在街上漫步，置身於人群之中，與人們交往。而在紐約，他只有呆在家中。

　　在巴黎，就算你身無分文，你也處處有寶藏。米勒說：「沿著拉斐特街，不管站在哪裡遙望聖心教堂，我都會心蕩神馳。」

　　正因如此，巴黎的流浪漢，那些出於自身信念的真正流浪漢們，情願生活在街上，睡在地鐵口或大橋下。

　　流浪漢是社會的邊緣人，他們並不威脅任何人，街道就是他們的財富。他們滿足於觀看城市的千變萬化，不同的季節不一樣，日出日落不一般。

　　少了流浪漢，巴黎也就不成其為巴黎了。說來道去，流浪漢索求的是巴黎城送給他的夢，他願日日夜夜被夢神之花輕拂。

　　大多數的巴黎人都喜歡上街，因為他們可以在街邊的長凳上坐坐，在街頭的小廣場獨處片刻，或到咖啡館小飲一杯。

　　有許多作家就是在咖啡館裏寫成作品的，其中包括世界咖啡館的鼻祖──Procope咖啡館。

　　這家著名的咖啡館掛著一塊紀念牌，上面記敘著，在十八、十九世紀，它接待過伏爾泰、巴爾扎克、雨果、魏爾蘭、法朗士。

接待過伏爾泰、孟德斯鳩、盧梭、巴爾扎克的Procope咖啡館，狄德羅曾在此編纂法國百科全書。

Procope咖啡館一角

Procope咖啡館紀念牌

CAFÉ PROCOPE
FONDÉ EN 1686
DURANT LA RÉVOLUTION
IL DEVINT LE CAFÉ ZOPPI ET FUT
LE THÉÂTRE D'ÉVÉNEMENTS HISTORIQUES
MARAT Y VENAIT EN VOISIN
ET LE CLUB DES CORDELIERS S'Y RÉUNISSAIT
LES MOTS D'ORDRE DE L'ATTAQUE
DES TUILERIES DES 20 JUIN ET
16 AOUT 1792 PARTIRENT DU PROCOPE
HÉBERT Y FRACASSA LE MARBRE
DU BUREAU DE VOLTAIRE DANS
UNE HARANGUE ENFLAMMÉE
ET LE BONNET PHRYGIEN
Y FUT PORTÉ POUR LA
PREMIÈRE FOIS

卡繆、沙特經常光
顧的Cafe de Flore
咖啡館

　　巴黎咖啡館與文學結下了不解之緣，由此便產
生了「文學咖啡館」，如Les Deux Magots咖啡館，
這裏曾是超現實主義發展的苗圃，再如Cafe de
Flore，卡繆經常光顧，他寫的東西總要先給這裏的
一個叫笛卡爾的服務員試讀。沙特也是這裏的常
客，咖啡館老闆甚至還為他安裝了一部專用電話。

11 咖啡館

讀過海明威的小說《巴黎：不散的筵席》，才知道他坐過的咖啡館多得驚人：
第一要數Cofe des Amateurs，然後是La Contrecarpe小酒館，

這裏又髒又破，是社區醉鬼們的聚合之處。聖米歇爾兒廣場的咖啡館則乾淨溫暖，是他寫作的好地方。海明威與費滋傑羅見面則是在La Closerie des Lilas咖啡館。

費滋傑羅曾在那兒謙虛地談到他的《大亨小傳》，說這部小說銷路不好，口氣中不無遺憾。

還有麗池飯店的酒吧咖啡館，也是費滋傑羅與澤爾達碰面的地方。但是，這裏的價格對海明威來說是太過昂貴了。而今天，這間酒吧竟以海明威的名字命名了一種飲料。

另外，還有聖日耳曼大街上的Les Deux Magots咖啡館，這裏也是喬伊斯經常光顧的地方，海明威曾在這裏與他邂逅。

聖熱內維埃夫山丘社區，靠近索邦大學，當年海明威就住在附近，喬伊斯、喬治・奧威爾也在這一帶活動。

咖啡館是理想的幽會之所

　　海明威坐咖啡館，為的是小飲、寫作或與朋友聊天。從某種意義上講，咖啡館就是他的辦公室。在一個住居往往缺少工作室的城市裏，這完全可以理解。

　　或許是因為脫開了家人，海明威在咖啡館裏寫作更能聚精會神，而咖啡館裏的顧客們對他也十分友善。再者，他還可以在咖啡館會友而又不妨礙他的女伴哈德莉。

　　咖啡館雖然是公眾場合，卻只屬於一心在那裏會面的人們。

　　在芸芸眾生之中，咖啡館又是一個埋名躲避的好地方。

　　咖啡館也是情人的絕佳天地，是他們理想的幽會之所。此時他們遠離熟人，即使熟人在咖啡館裏看見他們，也沒有人捨得打斷他們的談情說愛。情人們如同作家一樣，在這裏受到保護。

　　咖啡館可以滿足人們的多種願望。對於獨身者，巴黎沒有別的地方勝過咖啡館了。

一個單身漢在咖啡館裏可以排解孤獨，而不必刻意與朋友約會。

　　咖啡館是法國最民主的地方，它永遠向作家、朋友、情人及獨身者開放。

　　還有，如果你想在咖啡館吃一道熱菜，夥計就會給你送上一份炒雞蛋。

　　在冷雨綿綿的秋冬季節，若不是有咖啡館可以歇腳，日子便難以打發了。

▌巴黎圓亭咖啡館，海明威和費滋傑羅曾是這裏的常客

12 久住學做巴黎人

在巴黎，人們很少在家中待客，
家是留給自己留給親人的空間。
這個空間排斥外人，因此，人們
不會冒然前來敲你的門。

甚至鄰居之間也不隨便敲門。好鄰居就是不自恃近
鄰而互相打擾。鄰居們見面只是道一聲「你
好」，僅此而已。

亨利・米勒在《克里希的寧靜日子》裡講到，有
一天他獨自在家，已無麵包配乳酪充饑了。但他寧可
把扔掉的乾麵包再撿回來，也不肯去敲鄰家的門。

米勒是美國人，他懂得要這樣做。

在法國，習慣的做法是，不敲鄰居的門。鄰居之
間的私密性已經很脆弱了，有時通過窗戶就可一眼望
見鄰家的內部。這裏有些街道十分狹窄，對面的房子
簡直就像在你家的客廳裡一樣。

為什麼巴黎人如此維護自己的私生活呢？在一座
居住面積有限的城市裏，這是不是一種防止在日常生

狭窄的巴黎街道

▌巴黎的公寓住宅

活中磕磕碰碰的方式呢？

公寓住宅往往不大，這就導致許多後果。比如住戶會想方設法利用空間，見縫插針。因此我們無須冥思苦想便可得出結論：巴黎的住房設計並不考慮待客的需要。因此，賓至不可能如歸。

心理學家雅克‧拉岡曾論證過客人與情緒不安的關係。拉岡是巴黎人，這樣的研究題目出自巴黎人之手，或許不是偶然的。

公寓的狹窄雖然造成一些不便，但也有它的好處：如節省租金；如只能由一個小家庭獨居而不必讓親友分享。

當你是外來人時，當你不瞭解這個城市能夠給你提供的各種方便，當你只想在家裏備有一切所需，而不會去利用公共圖書館、唱片館和音像館的寶貴資料時，你就不可能立即體會到住房狹小的好處。

巴黎住房的面積讓你學會少購置東西，物多必累，東西少了你會更自由自在。

巴黎人的消費來不得放任，他必須控制自己的物欲，否則，他將面臨「滅頂之災」。對他來説，「有少即有多」。

家裏要那麼多傢俱、畫幅、藝術品幹什麼？那麼多博物館擺在那裏，個人又怎能與之一爭高低呢？在巴黎大肆收藏，必然會被居室內的擺設所累，又有什

麼意思呢？

在這座城市裏，有意思的是散步，是散步給你帶來的驚喜。那箭一般的小教堂尖塔會突然出現在你面前，直指藍天，夕陽中的巴黎裁判所俯視著塞納河的潺潺流水⋯⋯

樹上的葉子變黃了，你會猛然意識到時令已屆十月中，秋色以自己的方式仍然屬於陽光。

在巴黎，房子並不重要，車子也不像在美國城市裡那麼重要。

巴黎不是一座適宜從車中觀賞的城市，這與美國的洛杉磯不同。雖然有賴特（世界著名的美國天才建築師——譯注）的傑作，但洛杉磯的美不在於建築，而在於海灘，欲領略其味，只能借助汽車或小型飛機。

而巴黎之美，既來自建築，亦來自城市風貌，欣賞她只能靠步行。

許多人以為，巴黎適宜年輕人住，其實不然。巴黎適宜各種年齡的人。或許，由於它的熱鬧和相對良好的治安環境，較之其他的大都市來講，它還更適合於老年人。

事實上，這不是一個年齡問題，而是一個生活風格問題。生活風格是需要認真學來的。

巴黎人，不是天生的，只有久住才能學會做個巴黎人。

⑬ 視角問題

在巴黎，遊覽的收穫在很大程度上取決於你走動的方向，其原因蓋在於景致與建築物的許多細膩之處。

去參觀畢卡索博物館，若是從左邊的街道走過來，那麼，你會一下子就看到正門上方的雕飾、兩位女神護持著浮雕家徽。

這浮雕家徽使你即刻想到房子過去的主人，想到在十七世紀之前，法國的大家族是多麼看重聲望。

如果你此時有心閱讀一下博物館的說明書，你就會知道，此房乃法國國王路易十四的一位顧問所建，供妻兒寓居。使人想不到的是，顧問之妻的情人亦寓居於此。

你看，遊覽路線的方向竟把你帶入法國的歷史，這其中還有「放蕩不規」的故事為之提味。

倘若你從右邊一條路來到博物館，進大門之前，你什麼也看不到。但是到了門口，你便會被一座仿佛

■ 畢卡索博物館

從夢裏走出來的奇怪雕像所吸引。這是一座頭頂王冠的司芬克斯（獅身人面像），髮梳成辮，其乳甚巨。

　　再一細看，你就會發現，王冠原來是一座中世紀城堡，辮子是用石頭刻成的幃幔流蘇。

　　這個神話動物也是巴西嘉年華會的一個寓

巴黎孚日廣場，對稱的周邊建築

意景觀。巴西的嘉年華往往喜歡借用異國文化的代表性形象。

司芬克斯將你帶入的是藝術史。所以說，視角變了，遊覽的心得也就頗為不同了。

與此相同的情況還有巴黎的孚日廣場。

此廣場宜從比拉格路步入，這樣你才能置身於最佳視角：廣場周邊建築的對稱性與建築風格可一目了然。

這些房子用紅磚建成，底層是白色石料的連拱廊，房頂覆蓋著青色石板，漂亮的老虎窗間隔有致，突出其間。

在觀賞全景之後，你可能會細看一下這些從房頂探出身子的老虎窗。你會發現，這些窗子實際上各不相同。這頗似高加索地毯上的對稱圖案。圖案一眼看去都相同，實際上卻個個迥異。

如果你想走動走動，你可以在連拱廊下環繞一周，或在一家古玩店裡停留，或進入廣場中心的花園。那裏有一座路易十三的銅像，它讓人回憶起，這個廣場是路易十三的兒子亨利四世下令修建的，建成後命名為王室廣場。

在花園裏，一切仍然取決於你當下的地方。

你若對房子有興趣，你一定想知道樓內的居室是什麼樣子，想知道什麼人住在裏邊。當然，這個好奇

■ 孚日廣場周邊建築的窗子實際上各不相同，這頗似高加索地毯上的對稱圖案。圖案一眼看去都相同，實際上卻個個迥異。

樓內的居室是什麼樣子，什麼人住在裏邊？

傍晚時分的巴黎

心是得不到滿足的，你只好去想像牆壁後面的生活，想像那些今日安詳地生活在這裏的人，或是昔日的那些認為不決鬥便是虛度一生的男人以及那些專為沙龍而生的女人們的生活。

轉過身來，你看到的是樹木和石砌的狀如香檳酒杯不停湧動的噴泉。

你會突然意識到時間的無限和生命的短促。你會想到，無需一個世紀，任何一個目睹你今日經歷的見證人都將不復存在。

你若注視坐在長凳上的那些老人，你會看到，有的和老伴坐在一起，如同一對情侶。對於他們來說，此時只要相親相愛，何必顧及老邁。在他們的心中，年齡已不重要，孤獨才更可怕。

忽然，一個孩子從你面前走過，或是玩耍，或是餵園中的鴿子。如果你對鴿子的生活感興趣，你可以走近國王的雕像，那裏成了鴿群的匯合點。鴿群飛離了孩子，落在雕像的頭頂、耳朵、肩膀或手上。它們把路易十三變成了一個殷勤好客的主人。

這樣的景觀令你安詳，你不再有任何其他的奢望。看著周圍的這些景物或放眼藍天，心滿意足之感油然而生。

夏天，在傍晚時分，巴黎的天空會使你回憶起梵谷描繪的鉛灰色。秋日，巴黎的天空湛藍、清亮，就像提埃波羅（十八世紀義大利的大型裝飾畫畫家——譯注）的作品那麼亮麗。

你會為梵谷在巴黎住過而慶倖，你也會想到他死時的默默無聞、不被承認。他為了強烈地表現自己的意境，用起色彩來，可以說是大膽武斷至極。

你還會再次對自己說，生活在巴黎是幸福的，它會讓你夢想到荷蘭和威尼斯。

14 在巴黎周遊世界

在巴黎，就像在倫敦和紐約一樣，你可以周遊世界。
看一看吉梅博物館裏玉刻的或牙雕的佛、龍、象，你就如同去了中國。

遊希臘，你只要觀賞一下「薩莫色雷斯的勝利」和「維納斯」雕像，不就可以了嗎？這樣的「旅行」，在一個南美洲的城市裡是做不到的。在巴黎，人們能夠從一個國家跨入另一個國家。更了不起的是，只要走上幾步，便可以從一個世紀跨入另一個世紀。

從聖母隱修院街走進教堂小廣場，行者便從十九世紀返回到十八世紀。若走下臺階，進入考古地穴，高盧——羅馬古城呂德西亞的斷壁殘垣就呈現在人們眼前。

在巴黎城裡能作世界遊，巴黎才成其為巴黎。巴黎城似乎可以借用葡萄牙詩人費爾南多·佩索阿的座右銘：「要的是航行，不是過日子」。

沒有塞納河，難以想像巴黎是個什麼樣。塞納河

是大家的必經之路。

　　如果你在塞納河岸邊坐下來，看一看水波蕩漾，
你就可以擺脫現實，重新編排你的生活。

　　在端詳過去幾個世紀所留下來的宏偉建築時，你
會想到建築師的天才，還會意識到，你已經加入到善
於戰勝時間的人們的行列中。

▌塞納河邊幾個世紀
留下來的宏偉建築

▌高盧——羅馬古城呂德西亞遺址

在巴西聖保羅這樣的城市，摩天大樓取代了古老
建築，僅留有一條河叫貝爾克！如果你是在聖保羅出
生，你就會清楚地知道在塞納河邊生活是多麼快活。
你還會對自己說，住在離塞納河太遠的地方，以致無
法再遊塞納河的時候，那才是真正的流亡。

巴黎的每個紀念性建築，看來都是獨一無二的，

這並不是由於它自身的構架，而是由於它的含義。

　　這種經歷引導你思考。生活往往尋求一些空間，在這些空間裏，日常瑣事會拋諸腦後，人有一種永恆的幻覺。

　　如果你在豔陽天凝視塞納河，水色給你的感覺是脫離了太陽的光譜，粼粼閃動，像是白鐵礦石。

　　如此美色，令你著迷，你不想離開，只想繼續觀賞下去。這時，你已將河岸高處馬路上的車水馬龍置之度外，獨自心醉神迷了。

　　在塞納河水邊，你就像生活在東方一樣。在東方，人說誰要是活得急促和匆忙，那便無異於死亡。

　　你於是會想到，西方人之所以景慕東方人的生活，其原因就在於：在東方，愉悅的對立面便是匆忙。你在塞納河的水邊寸步未移，你已經神馳東方。

　　好了，你現在可以返回高處的濱河大道了，可以恢復你每日的常規生活了。你會想到，在離你家或工作地點不遠的地方，有一條公用長凳設在那裡，你隨時可以去坐坐，在那看著塞納河水，便可飛越高山大洋，到達另一個大洲。

塞納河

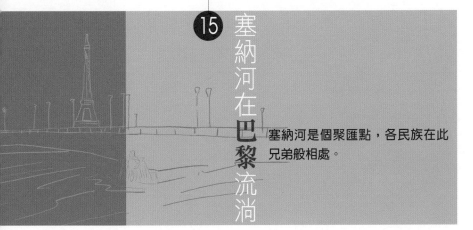

15 塞納河在巴黎流淌

塞納河是個聚匯點，各民族在此兄弟般相處。

在塞納河的遊艇上，日本人、英國人、美國人、西班牙人、義大利人、阿根廷人，都在遊覽巴黎，觀賞它就像觀賞自家的遺產一樣。聽導遊講述巴黎的歷史，就像聽自家城市的歷史一樣。

每個橋有每個橋的歷史。王室橋是路易十四送給巴黎人的禮物；協和廣場橋是用巴士底監獄的石頭建造的，提到巴士底監獄，誰都會立即想起法國大革命；耶拿橋是拿破崙下令修建的；還有榮軍橋，是為紀念皇帝出征勝利而建。

導遊講述歷史，歷史使人敬服，歷史展現在我們眼前。

然而，遊艇首先告訴你的是，巴黎是個既被塞納河分割，又由塞納河攏合的城市。

▌塞納河上的阿爾瑪橋，橋墩上的士兵雕像一直用來測量水位

塞納河

　　塞納河是條很窄的河，兩岸間隔不遠，河水將城區一分為二，卻又不使之分離。

　　過塞納河令人愉快。過（美國的）哈得遜河叫人心煩，渡河簡直就像受罪。

　　巴黎人對塞納河情有獨鐘。是塞納河造就了巴黎。

　　左岸右岸的叫法整天掛在巴黎人的嘴邊。左岸右岸，與其說指的是城區的劃分，倒不如說是地形概念。

　　巴黎是克洛維斯國王的女兒，是克洛維斯將王國的首都設在巴黎。《藍皮導遊手冊》說，巴黎是一條河的女兒，這條河就是塞納河。

　　塞納河堪稱「母親河」，因為她是慷慨的，她獻出水、橋、風光和岸的兩側。

　　這是一條獨一無二的河。老橋都得以保存下來，而留給汽車的通道也並沒有佔據行人的空間，就如同在十六世紀那樣，行人仍可在橋上閒庭信步觀賞風光並在橋上坐下來休息。

　　在河面上的視野範圍內，時光不讓你匆忙，這有助於你凝視觀賞。凝視令你心

靜，但有時也會叫你恐慌。

這是因為，在秋夜，當宏偉的建築物被霧氣籠罩時，半脫葉的樹木像是在黑暗中移動。

這時，你就會明白，莎士比亞怎麼會設想森林會走動，馬克白（蘇格蘭國王，其生平故事構成莎士比亞《馬克白》一劇的基本情節——譯注）為什麼打了敗仗，因為他覺得伯恩翰森林在向他進軍。

這些樹像鬼，它們讓你恐懼，此時如果你想像不到活人與死人對話的可能，那才怪呢！如此胡思亂想一番也不必驚慌，當一艘遊艇光亮耀眼地從你面前經過時，你就會忘掉了一切。

在月滿之夜，月光灑在塞納河的水面上，巴黎像是一件神品，這時就連不可知論者也會理解，為什麼人們相信奇蹟。

從尚日橋的方向看過去，聖母院確有其存在的道理。即使在大鐘不敲之時，人們似乎也聽到了鐘聲和鳴，其音之美引發出一個文學中的人物加西莫多，他不僅是大教堂的守衛者，也是群鐘的守護神。

此時，你感到一刻千金，沒有什麼東西能夠掃掉你站在橋頭看巴黎的雅興。

16 在路燈下

入夜，在路燈的照耀下，巴黎如夢似幻。

從遠處看，只能看到一組一組的建築，夜色將之整齊劃一，然後是斷斷續續的房頂，各不相同，都是在天空中畫出來的三角形、菱形或長方形。隨著一年中的季節變換，天空或呈鉛灰色，或呈深灰色。

由於形狀與線條的對稱，你眼前的景象使你想到一塊波斯地毯或者克利（德國畫家——譯注）的一幅畫。

每個房頂都是獨特的，但它的獨特並不破壞整個城市房頂的和諧性。因為房頂的設計必須遵照建築院校所制訂的規範。

這樣來看巴黎，巴黎真像一張明信片。

如果你夜間在街上步行，各類建築的裝飾物之多令你吃驚。白天你不會注意這些，但在夜間，它一下

被路燈照亮著的塑
像似乎也獲得了一
縷生氣。

路燈照耀下的巴黎，如夢似幻

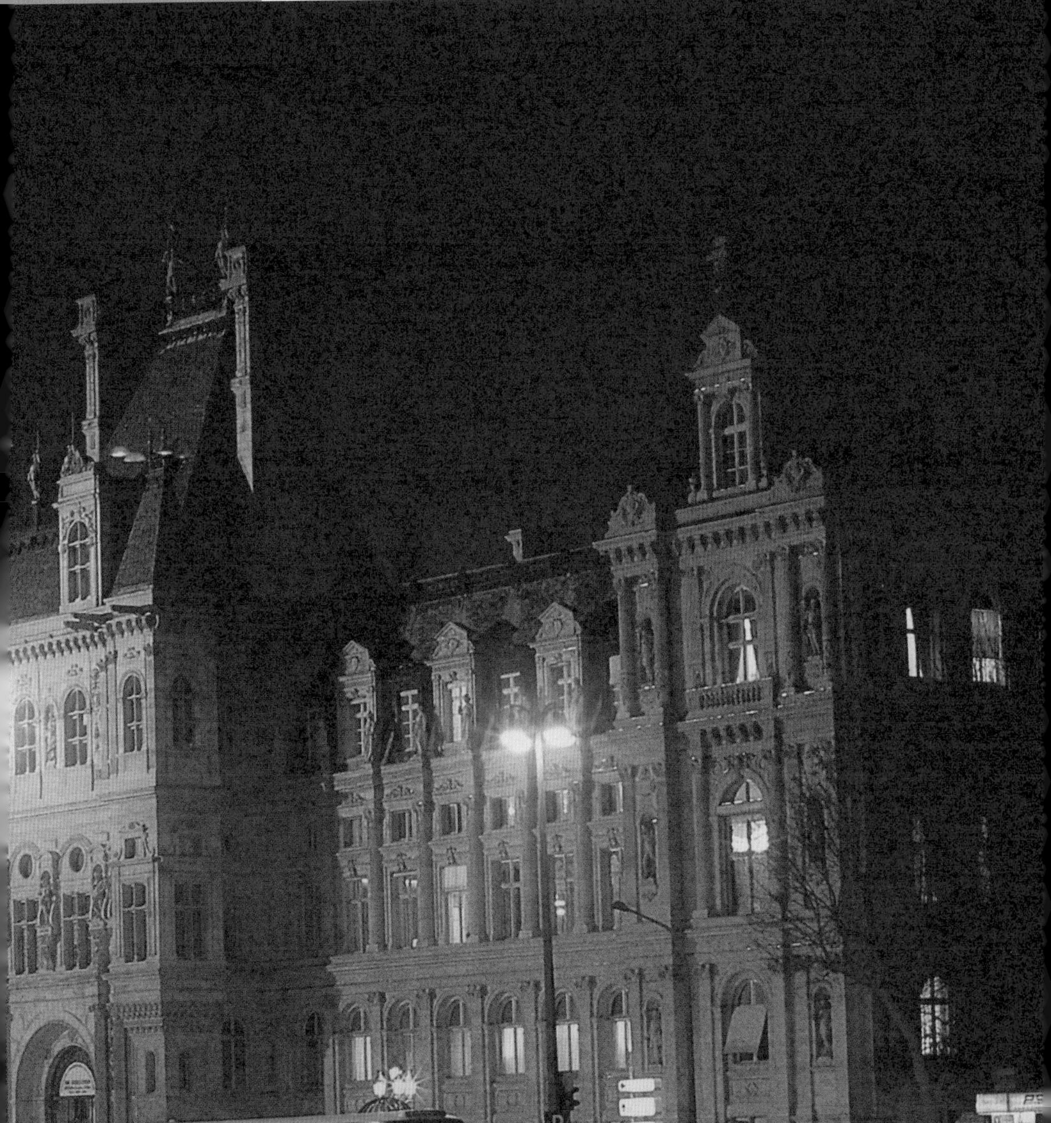

子呈現在你面前。

　　十字架、塑像、女像柱、雕刻的怪面飾、鐘錶、陽台的鐵藝欄杆、雕塑人面，這一切都會讓你停下腳步。因為它們都被路燈照亮著，你信步所至，隨心所欲地觀看。

　　在黑夜的孤寂中，那一座座塑像似乎也獲得了一縷生氣，變成了獨行者的陪伴。

　　天黑了，當路燈還像一團團光球的時候，公寓的住戶已亮著燈光。對於行人來說，這些亮燈的窗戶就成了路標，既引人注目，又讓人感到神秘。

　　白天，你看到的是公寓的「表」，而不會關心其「裡」。現在，你會自問：住在裏面的人生活如何？他們的悲痛和希望是什麼？

　　倒是黑夜將居家凸顯出來，實在是一件悖於常情常理之事。

　　獨行者的好奇心是不可能得到滿足的，他只好繼續行進。

　　他發現，路燈的光是金黃色的，

接下來，他在萬籟俱寂中聽到自己的腳步聲。

是自己的腳步聲。加上一點想像，於是也聽到了前人的腳步聲，這時，他就被飄然帶回往昔的世紀。

他將想到那些身著古裝的男女，想到由身著制服的車夫駕馭的豪華馬車。

他自我為伴夜遊，燈光廣告特別醒目，他也在商店的招牌前停步。

太晚了，天又冷，最好的辦法是走進一家小酒館，喝上一杯紅酒。

如果酒館裏氣氛輕鬆愉快，如果服務員熱情嘴甜，那麼最普通的波爾多紅酒也會使他感到美不勝收。

酒館奉送給他的是口福以及在座的顧客和法國人拉伯雷式的語言遊戲。一小杯下肚，街道已不復原樣。

夜遊者沉浸在路燈的黃光中。這時，無論是那些保佑此城的石雕或銅塑的天使，還是聖母院頂部的那些避邪的可怕怪物，都使他覺得十分可愛。

在回家之前，他對自己説，巴黎這個地方，對於不怕夜間獨行的人來説，真是個得天獨厚的去處。

▌太晚了，天又冷，最好的辦法是走進一家小酒館，喝上一杯紅酒。

BRASSERIE LIPP
LIPP
LIPP
BRASSERIE LIPP
LIPP
LIPP
LIPP
TAXI
PARISIEN

17 不盡的聯想

巴黎的街道幾乎是包羅萬象的。單說餐館，在這裏可以吃遍世界。

紐約的烹飪種類繁多，但是，要找一家地道的法國餐廳，菜色比別處更多，那可是鳳毛麟角。當然，中國餐館不在此列。

巴黎還是一座時光博物館，因為它有那麼多古董店鋪。巴黎若不能伴你穿越時空與地域，若不能引導你由此及彼的聯想，巴黎也就虛有其名了。

比如一位畫家，他在文具店的櫥窗裏看到了他正想買的油彩，一管一管的，排列得像在調色板上那樣。這等於一下子把他推到了畫架前。

顏料也許擺在威尼斯面具之間，那麼他在購買這些油彩時，又會想到威尼斯的狂歡節。

在高級鮮花店，鮮花可以配在多頭大燭台、蠟燭及水晶吊燈中間出售。

巴黎街頭的櫥窗

如果你放眼此類店鋪，你會想像置身於一個豪華的客廳中。

　　走進花店，你被鮮花包圍，它們被擺成花冠和花環狀，此時，你甚至聯想到法國古堡立柱上的浮雕飾紋。看了這些花，你就會想再去觀賞凡爾賽宮了。

　　在葡萄酒商店，每個瓶子上的標籤可以說都是一份請柬，邀你前往旅行。Saumur—Champigny請你去羅亞爾河谷，Riesling約你去阿爾薩斯，Pomerol則召喚你去波爾多。

　　這麼多品牌的酒使你想到《天方夜譚》，你會自問，難道有一千零一種醉法？

　　酒店只賣葡萄酒，香水店也只賣香水。

　　香水的牌子有Opium（鴉片）、Eden（伊甸園）、Poison（毒藥）。香水瓶子也形狀迥異，爭奇鬥豔。

　　在文具店、花店、酒店和香水店，關鍵不在於油彩、花枝、葡萄酒和香水本身，而在於你如何把油彩的錫管擺出花樣，把店中之花安排出花園的味道，讓美酒和香水給人以新的感受。

　　巴黎人賣東西，總是要想出點噱頭，以引發你始料不及的幻想。

　　巴黎商人就像廣告人一樣，會自然而然地鼓動你。他們與東方銷售商正好是相反的。東方銷售商不是推動顧客購買，甚至掩飾自己賣貨的欲望。

■ 櫥窗

　　這種掩飾與一個持續下來的貴族社會輕視商業輕
視金錢的習俗有關。當然，也不是僅此一個原因。

　　巴黎人的銷售噱頭，是實施誘惑。而整個巴黎文
化正是圍著誘惑轉動的——注重時髦即是一個證明。

PARIS

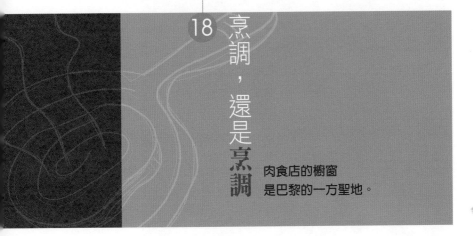

18 烹調，還是烹調

肉食店的櫥窗
是巴黎的一方聖地。

從它前面經過而不停下來看上一眼，這怎麼可能呢？你看那新鮮的鮭魚片，上面飾以蛋黃醬擠出的花，還有填上蟹肉的非洲油梨，還有肉凍裹著的肥鵝肝。

當你每天都經過同一個肉食店時，你就會發現，櫥窗的擺設和展示的菜肴經常變換花樣。

今天，蛋黃醬擠成的花飾是百合花，明天，則改成玫瑰的蓓蕾。

如此花樣翻新，動人心弦。變換花樣的因由是，在法國，吃的第一要義乃是品味。

這一點沒有逃過西拉諾・德・貝日拉克（法國十七世紀的天才作家──譯注）的觀察。法國人在他心中的形象是些不吃「食」只吃「味」的人。

　　食欲過旺是美國人的毛病，第一次去美國的人見此情形皆感驚訝。這個毛病在法國是見不到的，因為吃飯不是填飽肚子的同義詞。

　　吃飯的含義包括：餐桌的佈置、餐具的配套、上菜的順序、會話的禮儀，以及菜色引發的愉快感受。

▌巴黎的餐館

如果吃飯時大家都一言不發，像在美國那樣，這是不可想像的。交流思想是必不可少的。用餐是一種文化行為，已與生理需要脫節。總之文化已將飲食精神化了。

西拉諾‧德‧貝日拉克對勒佈雷說：「喂，我可上桌啦！」然後又說：「噢，親愛的，我真餓極了！」西拉諾一落座，勒佈雷便作出了反應：「你說什麼？」

如果說法國美食被視為一門藝術的話，這是因為它看重新意。不像某些東方的烹飪那樣，菜總是一模一樣的，做菜要求準確地重複同樣的動作。

在法國，好廚師應該能夠在不脫離傳統的情況下創新。因此，他是可以與巴西嘉年華的策劃人稱兄道弟的。巴西嘉年華的策劃人每年都要翻新遊行的花樣。

法國烹飪如同巴西的森巴舞，膾炙人口，用之不竭。正是這個原因，連生活條件最差的法國人到了國外，都會抱怨飯食不好。

19 購物慾望話教育

巴黎最典型的一種景象是手中拿著一根長棍麵包的行人。

人們可以在任何一個街區買到長棍麵包，還可以隨意挑選麵包的火候，這對一個外國人來說簡直是難以置信。

即使是麵包店前已經排上了隊，店員也會問你想要哪種火候的麵包。外人對於到處可以買到長棍麵包已經感到很知足了，這一問會令他受寵若驚，以至不知該如何回答是好。

麵包店裏除了長棍麵包外，還有各種各樣的麵包任君選購：如巴黎人麵包、半公斤一個的花式麵包、細長型麵包、小麵包、球型小麵包、維也納麵包等等，不一而足。

除了用白麵粉製作的各種麵包外，還有鄉村麵包、全粉麵包、雜糧麵包、用麵肥發酵的麵包、核桃

仁麵包等等。

假如這家麵包店也兼營糕點，那這裏簡直就可以說是一個「花園」了：一個個奶油水果蛋糕和花蛋糕會令你想到鮮花和花圃。

看著糕點櫥窗，你簡直不知是否該停下腳步，是否該選一塊上面有蘋果、梨或杏的蛋糕來解解饞，它們都像五彩繽紛的花瓣——檸檬綠、奶油黃或桔紅色。

這時你會想到法國人對於修飾是有多麼大的興味，最好的證明要數法式花園了。這些精美絕倫的圓型、方型或長方型的蛋糕令人想到法國那些公園的花圃，想到精美的工藝品。

它們的名稱和標籤也會令你口水豐盈、無從選擇。「Le Grand Marnier」是因用了同名的甜酒製作而

■ 令人口水豐盈的麵包

忙碌的麵包師傅

得名吧？「夢幻」是用一塊巧克力餅乾製作的，而「巴西人」，是不是因為使用了咖啡與榛子為基本原料而得名呢？

糕點櫥窗不僅會令你希望品嘗，亦會令你駐足沉思，就像那些酒店、肉店、乳酪店的櫥窗一樣。

所有與吃有關的店鋪都會激起你的食慾，你只會感到選擇的無奈，它們使你從因食慾的衝動而狼吞虎嚥，到學會品嘗，知道怎樣準確地選擇你所想要的，只吃對你適合的食物。

與此同時，這些店鋪也教會你自我克制，它們具有一種「教育」功能。這正是那些超現實主義者當年所提倡的「慾望教育」。

▌麵包店

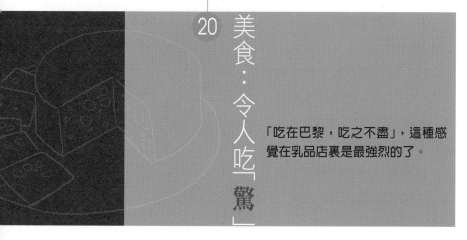

20 美食：令人吃「驚」

「吃在巴黎，吃之不盡」，這種感覺在乳品店裏是最強烈的了。

無論是哪一家乳品店，都會有上百種乳酪在那裏展示。你必須是個乳酪行家，才能充分享受它。

當你看著這些乳酪時，你並不知道它們的味道，你會不知所措，無從下手，最後只得隨便挑上一種，逃出這個迷宮。

在一個乳酪之國，一個外國人很難超越其固有的習性。你必須在這裏生活很久，才能體味乳酪之妙。

乳酪是要求你通過品嘗認識它，而你在書中所能找到的各種說明都不能替代你的口感。如果你沒有再三品嘗過，而光知道哪種乳酪是山羊奶的，哪種是綿羊奶的，或者只知道它們的品牌，都無濟於事。

在乳品店裏，巴黎不僅讓你感到無窮無盡，還讓你覺得高不可攀。從某種意義上講，乳品店是精英

店，是為少數幸運兒即happy few而設的。

　　但從另一種意義上講，它又是大眾化的，因為這裏所展示的各種乳酪都起始於久遠的製作，而且這種製作至今仍沒有停止。每一個省份都有它們自己的傳統乳酪製品，每一座城市又創出新的品種。

▌這是一個乳酪之國

　　乳品商店突顯了法國人的喜歡多樣化，這種喜歡的結果便是不斷的推陳出新。

　　在這個崇尚美食的國家裏，其他方面也和乳酪製品的情況相似。它就像每年舉辦嘉年華的國家一樣，總是讓人浮想聯翩。

　　在法國，吃東西求的不是「飽」，而是「驚」。正因如此，所以每個盤的菜量並不大，而且是一道一道按著順序，上冷盤、上主菜、上乳酪，再上尾食甜品。這樣就有四次機會讓你吃「驚」！

　　更有甚者，在高級飯店吃飯時，每道菜之後都給顧客送上一個「耐心碟」，裏邊也就是一口之量的精美小吃。它具有雙重作用：一是壓饑；二是勾起下一道菜的饞蟲。

　　假如法國沒有了餐飲禮儀，那就像巴西沒有嘉年

華一樣不可思議。

　　法國是通過烹調藝術對自己塑造和再塑造。巴西則是通過嘉年華對自己塑造和再塑造。法國的葡萄酒和乳酪與巴西嘉年華的面具和飾物一樣，令人難以勝數。

　　餐桌是聚會與忘憂之處，它每天為我們組織狂歡。

　　法國的美食藝術令你愉快，讓你歡笑，它使全民都變成了拉伯雷式的食客。

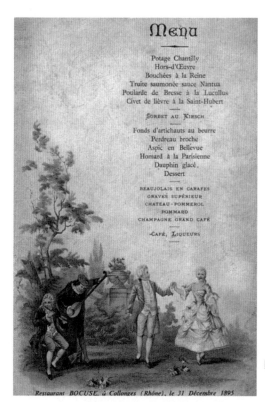

Menu

Potage Chantilly
Hors-d'Œuvre
Bouchées à la Reine
Truite saumonée sauce Nantua
Poularde de Bresse à la Lucullus
Civet de lièvre à la Saint-Hubert

SORBET AU KIRSCH

Fonds d'artichauts au beurre
Perdreau broche
Aspic en Bellevue
Homard à la Parisienne
Dauphin glacé
Dessert

BEAUJOLAIS EN CARAFES
GRAVES SUPÉRIEUR
CHATEAU - POMMEROL
POMMARD
CHAMPAGNE GRAND CAFÉ

CAFÉ, LIQUEURS

Restaurant BOCUSE, à Collonges (Rhône), le 31 Décembre 1895

▌法國，是通過烹調藝術對自己塑造和再塑造

PARIS

21 貂皮大衣與購物袋

在巴黎,人們都會經常上集市去採購食品。高級白領去,流浪漢也去,或帶著他們的狗,或提著他們永不離手的酒瓶子。

有的婦女是兩個胳膊上都挎著重重的菜籃子,有的婦女則不顧生態保護主義者的反對,仍然身穿貂皮大衣,手中拎著購物袋。這些穿貂皮大衣的夫人,家裏也許有保姆,但她們仍堅持親自去魚店挑魚。

在巴黎的菜市場上,貂皮大衣與購物提袋是可以集於一身的。

怎能不如此呢?要知道,法國是這樣的國家:就連一些國王都是烹調高手。路易十五擅長做涼肉醬,路易十八能夠調製出各種名湯。

完全不下廚房的家庭主婦是沒有的,她在親友中的威望高低甚至要看她能做出什麼菜色。她可以把熨衣服和打掃房間的活讓別人去做,但是下廚房卻一定要親力親為。

▌巴黎的菜市場

　　做出一道好菜甚至能為她贏得一片掌聲。可以毫不誇張地說，在法國人的心目中，幾乎一切都取決於吃什麼和喝什麼。就連十九世紀的妓院老鴇們都會給她的姑娘們做精美的飯食吃，畫家圖魯斯‧羅特列克從中得到靈感，畫出了《飯廳裏的女人們》。

　　在法國，喝什麼與吃什麼是那麼的重要，以至有些人會認為，吃東西要是缺少了一樣配伍的東西，就會鬧出病來。二十世紀初的一位著名評論作家甚至寫道，他曾因為在吃牡蠣時沒有喝白葡萄酒而得了傷寒。

　　美食不僅令大人著迷，就連孩子們也感興趣。他們會依葫蘆畫瓢地做菜，一有機會就要搞點標新立

■圖魯斯‧羅特列克作品《飯廳裏的女人們》

美食不僅令人著迷，就連孩子們也感興趣

■ 20世紀早期法國電熱鍋廣告

異，因為法國的烹調是允許即席發揮的，儘管它有那
麼多的規矩。從很小起，孩子們就練成了好助手，他
們有時甚至會爭當掌廚的。

　　因此，法國出了一些「捨生忘死」的大廚師，也
就不是什麼令人驚奇的事了。卡萊姆是十九世紀法國
最著名的大廚師，就在他辭世前奄奄一息之時，他還
不忘對他的一個學生說，「昨天的魚丸子雖然鹽放少
了一點，但大體來說真不錯」。

22 請您吃飯

許多藝術家也對美食感興趣。

莫內的食譜已經全部發表。人們甚至說，有幾樣菜的配製已經幾近專業廚師的水準。在他的維吉尼的住所裏，廚房的淡藍色空間是神聖的，他在此接待過雷諾瓦、西斯萊、畢沙羅、塞尚、羅丹和馬拉梅。

圖魯斯‧羅特列克在畫作中有多幅是以餐飲為主題的。有一本描寫他的書，讀後便可知道，他在生活中是何等地重視一日三餐。

他堅持說，飯可以不吃，但不可吃壞，說上下牙床是我們獲取哲學知識的最好工具，還說他的一切靈感都來自他的內臟。

達利認為，一隻肉鴿，在馬里納德鹵汁中長時間浸漬之後，再用烈酒燒烤，在不開膛去腸的情況下入盤上桌，這便是一個真正文明的最好象徵。有些巴黎

薩爾瓦多‧達利長期在巴黎僑居，他也是一個美食藝術的捍衛者

餐館過去就是這麼做的。

　　美食也吸引著作家。

　　蒙田患有消化不良症。儘管如此，他還是稱道德
國的湯和沙拉，對義大利的葡萄讚不絕口。

　　盧梭在他的《懺悔錄》中寫道，在餐桌的美酒佳餚前顯得扭扭捏捏便是一種虛偽和不安的表現。

　　伏爾泰並不喜歡他那個時代的烹飪，他在著作中介紹了一些傳統的菜譜，即添加大量的胡椒和肉豆蔻的菜。

　　你能想到嗎？《三劍客》的作者大仲馬曾經編寫過一本烹飪字典。他的兒子，即《茶花女》的作者小仲馬攞下筆就可以燒菜。

　　有些詩人在這方面也不遜色。

　　馬拉梅不就曾給莫內寄過菜譜嗎？

　　波德賴爾在談到比利時的時候說，這是一個窮國，因為這裏的人不會用小鍋燉肉。

　　甚至連法國的哲學家也與烹飪有緣。我本人對此有親身感受。米歇爾‧傅科在家裏接待巴西朋友時曾親手做了一道菜——鹽水肉。

　　在法國，若要善待某人，你應該請他共進午餐或晚餐。法文「料理」一詞（Traiter）一詞還有「在飯桌上款待」的意思。

　　正因如此，儘管巴黎的生活有諸多不便，如工作緊張，住房狹窄等等，你還是常被主人邀至家中吃飯，這種做法比別的國家更為多見。

23 鏡子，到處是鏡子

有些巴黎的餐廳，人們喜歡光顧，既為菜好，也為環境佈置好。

在「銀塔」餐廳（巴黎最高級的餐廳之一）訂座，絕不可能只為吃它的拿手菜——鴨子。

到那裡吃飯，也是為了欣賞桌子、藝術瓶子、傢俱、掛毯和天花板。古老的銀器反射著塞納河上遊艇的強光，能將餐廳的天花板突然照亮。

「馬克西姆」餐廳的「黑菌比目魚」和「諾曼第蘋果鴨」是創牌子的菜，但該餐廳更有名氣的是壁上的裝飾畫和鑲有鏡子的天花板。顧客抬頭上望，自己已映在其中矣！

這裏是一座劇場，觀眾也是演員，又看又被看。

「馬克西姆」餐廳和巴黎的不少餐廳一樣，對顧客的宗旨是「吃在嘴裏，看在眼裏」，因為廳內到處都安設了鏡子。

■ 巴黎最高級的餐廳
之一「銀塔」餐廳

　　巴黎無時無刻不在請你觀賞，它的燈光吸引著人們
的視線，它是當之無愧的「光之城」。

　　巴黎到處有照明，一個塑像、一面牆上的浮雕、一
扇雕花大門，以及在路上的某些「亮點」，都使你禁不住
駐足觀望。這一切就像有一位照明師帶著弧光燈暗中跟
隨你一樣。

「銀塔」餐廳的老經理

■「馬克西姆」餐廳
的菜單。

　　在巴黎，觀看是生活的主要內容。看周圍的人與
物和看自己是一樣的多，因為到處都有鏡子：建築物
的牆面，咖啡館和餐廳裡，商店和旅館的大廳裡。你
想不看自己都辦不到。

　　因此，你不可能對你的外表無動於衷。時裝在巴
黎的威力就不言自明瞭，每個季節都要花樣翻新。

　　在巴黎，誰要是趕不上時髦便是時髦的局外人
了。在羅馬、倫敦、聖保羅、東京或紐約，情況並不
如此。

　　即使是那些不趕時髦的人，為了自己的帥氣，也
要來點兒小花樣：男士不打領帶而改用蝴蝶結，在西
裝胸前的口袋裡插上一條手絹；女士帶上一枚藝術胸
針，或束上一條扣飾講究的腰帶。

PARIS

　　對於巴黎人來講，別人的眼神至關重要。巴黎人可以不趕時髦，卻從來不會忽視理髮。

　　巴黎人認為面孔乃身體的首善之區，故而不惜穿越全城前往自己喜歡的理髮店理髮。只要在街上走走，或看看地鐵裏的廣告，心裏就明白了。

　　在街區的主要地段，總有一個理髮館，能夠給你理個增光添彩的髮型。

　　當巴黎男士或巴黎女士照鏡子的時候，他檢驗的是他的髮型、面部皮膚和衣服。他不會關注身體的其他部分，身體對他來説，是衣架，是時裝的用具而已。

　　理想的身體是能撐得起衣服的身體。這一點與熱帶國家的情形正好相反。在熱帶國家，你的誘惑力是體型和皮膚的顏色。

　　在熱帶國家，清潔衛生是富人和窮人都關注的事，巴黎對此卻不放在心上。

　　垃圾袋東倒西歪地躺在街上，狗在街上隨便拉屎撒尿，以至於行人要以觀賞美景的同樣注意力當心腳下。狗屎能在街上停留數日，顏色由紅變黑而無人過問。在美洲的城市可不允許這樣，狗的主人可能被課以罰款。對於糞便不聞不問是不是表明法國文化中含有某種喜糞性？

　　在拉伯雷的文字中，這種喜糞性是顯而易見的。

他筆下的人物卡岡都亞不是發明了幾十種擦屁股的方法嗎？

　　卡岡都亞用以擦屁股的東西有：一位小姐的絲絨圍巾和她的兜帽、一條圍脖、紅緞帽子護耳、一個睡帽、一隻小貓、他母親的手套、鼠尾草、茴香葉、茴芹、牛至葉、玫瑰瓣、南瓜葉、白菜、甜菜、葡萄藤、蜀葵、毒魚草、萵苣葉、菠菜葉、山靛、春蓼、蕁麻、聚合草，還用他自己短褲上的口袋、床單、被子、窗簾、靠墊、地毯、賭台的綠氈、臺布、毛巾、手絹、披肩、乾草、麥秸、廢麻、廢羊毛、紙、便帽、枕頭、拖鞋、腰包、籃子、帽子，甚至母雞、公雞、小牛皮、兔皮、鴿子毛、鸕鷀、律師包、風帽、頭巾、紅皮製的假鳥，甚至一隻濕漉漉的小鵝。

　　用這麼多玩藝兒擦屁股使他得出這樣的結論：英雄們和半仙們的福樂不在於他們的花朵呀、精美食品呀，或者飲用的瓊漿呀，而在於用一隻小鵝擦屁股。

「馬克西姆」餐廳

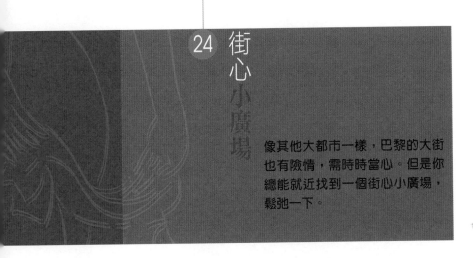

24 街心小廣場

像其他大都市一樣，巴黎的大街也有險情，需時時當心。但是你總能就近找到一個街心小廣場，鬆弛一下。

最動人的要數馬萊區巴耶納街上的喬治甘小廣場了，那裏有馬約爾的一個雕像——法蘭西島。

春日的下午，當你路經這裏時，你會驚訝地聽到各種不知名的鳥兒婉轉歌唱，這時你會想到，原來巴黎並不只是鴿子的天堂。

也許你會被如此美妙的音樂吸引，想聽得更仔細些，甚至會覺得身邊遊人的隨身聽都太擾人了。

你還會看到，在這個街心小廣場上，有人閱讀，有人打瞌睡，還有人小聲聊天，或是一個遊客在查看巴黎地圖。

周圍的一些廢墟已無人去修復，總是給人一種永恆的感覺。一座殘存的建築物正面有一個大鐘，早已停止走動，你絲毫不會感到意外。只有那攀爬在一棵

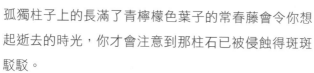

孤獨柱子上的長滿了青檸檬色葉子的常春藤會令你想起逝去的時光，你才會注意到那柱石已被侵蝕得斑斑駁駁。

　　這裏不僅有新長出的嫩葉，還有那冬季殘留的枯葉，這時你意識到春天已經來臨。你會回憶起某一年的陽春三月，你突然遇到了夾雪的冷雨，被淋個措手

▋悠閒的巴黎人

不及。這才讓你發現，春天對冬的眷戀，宛如秋天對夏日的不捨。秋末的樹葉一片金黃，那不正是夏日太陽的顏色嗎？你會感到一年分成春夏秋冬的四季實在是模糊不清的，彷彿有多少個日子就會有多少個季節在變幻。

此時你會覺得西蒙‧波娃的話是對的，她說，任何憂傷都抵不住世界的美麗。小廣場上馬約爾的銅塑像就在你面前：一個年輕女子，雙臂向後張開，手中拿著一條圍巾。當你圍著塑像仔細觀賞，你會被她的性感所打動，她的優雅風度使她並不顯得水性楊花。

當你長時間地駐足觀看時，你會看到青銅的顏色隨著光線的照射而變幻。這時你就會懂得為什麼許多畫家不是按照時鐘的節奏，而是依照太陽的運轉而起居工作。

如果是在一個灰暗的日子裏，那你只要看上一眼馬約爾的雕像，就會想立即逃離，去到一個有太陽的地方，兒時常去的海灘，或參加一個什麼節日的歡聚。在那裏，你又能體驗到除了搖滾樂、爵士樂之外的那些早已被你忘卻的東西。

假如你讀過亨利‧米勒的《克里希的寧靜日子》一書，你就會想起，他在書中描寫的巴黎那特殊的灰色：「它能引發你無窮無盡的遐想。」

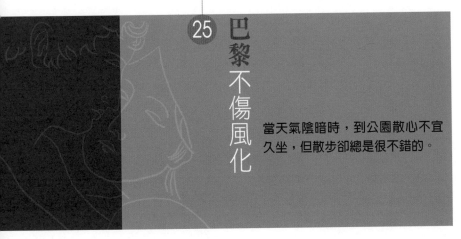

25 巴黎不傷風化

當天氣陰暗時,到公園散心不宜久坐,但散步卻總是很不錯的。

在土伊勒利公園,人們會被「馬約爾塑像的難以描述的美麗」所吸引。馬約爾一輩子都夢想能有一所公園,其景色可以把他作品的價值更加凸顯出來。

就在羅浮宮前的花園東側,他的裸體塑像的手勢是在請求遊人避開,看上去既純潔又春心蕩漾。

她們的姿態表現出一種天使般的情欲。在這裏,馬約爾的夢想得以實現,景色與雕像的和諧是那麼的完美無瑕,仿佛彼此皆為對方而存在。

在這個公園就像在凡爾賽宮的公園一樣,眼前的建築會令你一下子就走進法國的歷史。假如你站在公園的中路上,你會看到整個的佈局都是為了讓人一眼望見遠處的大凱旋門和騎兵表演場上的小凱旋門。這兩個建築都是為頌揚拿破崙的赫赫戰功而修建的。

馬約爾作品《地中海》

■ 圖魯斯‧羅特列克的廣告畫

不管你願不願意，法蘭西的帝國歷史此時便會浮現在你的腦海中。這花園裏所修建的一切都是可供人觀賞的，或許正是由於當年的皇宮與城市長期是密不可分的一體才會如此吧。

巴黎的公園就像城市中的一個海灘，有一方沙地，一片草木，或一叢栗樹。春季，栗樹上開滿了松果狀的花朵，令人想起聖誕樹。

從五月到九月，公園就成了巴黎人日光浴的場所。當然，這日光浴者都是穿著衣服而非泳裝。並非這種裝束被禁止，而是人們只有在夫妻間或妓院裏才會穿著緊身內衣相見。

在巴黎城裏，人們只有在塞納河兩岸曬太陽時才會露體。這就像做愛才露體，隨後即穿衣一樣。

是因為巴黎的天氣一年中有八個月都很冷嗎？還是因為巴黎崇敬那個總是被遮掩著的愛神厄洛斯？

巴黎喜歡愛情，照斯湯達的說法，「知恥方能萌生愛情」。因此，儘管商店裏出售誘發人們想像的內衣，儘管有妓院的存在，儘管巴黎不搞清教徒，但卻仍是個不傷風化的地方。

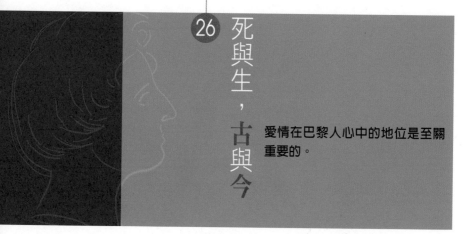

26 死與生，古與今

愛情在巴黎人心中的地位是至關重要的。

1817年，巴黎市政府利用十二世紀的一個愛情故事，在新闢不久的拉雪茲神父公墓裏建造了一個紀念海羅伊絲和阿伯拉爾（海羅伊絲〔Héloise〕和阿伯拉爾〔Abélard〕是法國十二世紀的真實人物，可以説是「生死戀」的化身。約在1118年，海羅伊絲的叔父，巴黎聖母院的教士富爾貝爾委託阿伯拉爾教育海羅伊絲。二人相戀，未婚生子。海羅伊絲親屬忿恨至極，閹割了阿伯拉爾。二人被活活分開，分別送入男女隱修院，但終生情未斷——譯注）的陵墓，這裏很快就變成了一個遊覽勝地。在此公墓長眠的還有海迪特‧比阿夫（法國近代女歌唱家）、蕭邦、巴爾扎克、普魯斯特等等。

修士阿伯拉爾的石雕像在右側，他是海羅伊絲的

■ 海羅伊絲和阿伯拉爾陵墓

▌蕭邦墓

老師，因與她私通，便被閹割了；左側是海羅伊絲的石雕臥像。阿伯拉爾被閹後，她與之成婚，然後重入女隱修院。

在墓碑上刻著以下文字：「將他們生前的精神聚合在一起，死後又由他們最溫柔並具思想性的信件所保留下來的愛情，終於使他們的遺體合葬於此墓中。」

凡是瞭解阿伯拉爾所遭受的暴行以及他們二人活活被分開的人都會感到如此行文的奇怪。

一方面，此文避而不談海羅伊絲與阿伯拉爾分離的原因以及所遭受的折磨；另一方面，說二者的遺體合葬於此並不確切，實際上只不過是將其骨灰並在一起而已。

一眼看去，這像是一種廣告行為。

如果說是的話，那麼，這種行為的起因在於那西方味很濃的願望：愛情比死亡更有力量，愛情能將情人的生離變成死合。

海羅伊絲和阿伯拉爾的墓地在讓你想到永恆愛情的神話時，實際上是在否定現代神話，即愛情的必由之路就是性愛。海羅伊絲從未中止過愛阿伯拉爾。

在拉雪茲神父公墓，過去啟示著現在。另外，在這裏，人們還會明白，歐洲的歷史就是它的戰爭史與革命史。

巴黎公社牆也在這裏。1871年，在墓地之間進行

■ 拉雲茲神
父公墓的
小路

了一整天的追捕之後，巴黎公社的最後一批革命者在此
牆前面被槍決了。

公墓內還有（第二次世界大戰期間的）抵抗運動烈
士紀念碑，奧斯維辛集中營犧牲者紀念碑和布痕瓦爾德
集中營犧牲者紀念碑。在這塊碑上刻著阿拉貢的詩句：

讓這一切永遠昭示，

堂堂正正的人是如何倒下的；

也永遠昭示，

他的勇氣和犧牲精神，

如何使他名留青史。

拉雪茲神父公墓也是個有三千棵樹的大公園，整齊的小路縱橫交叉，墓在其間。在小路上散步頗為輕鬆舒暢。

在座座墓前，人們只能感觸到時間的不停流逝，這是我們的苦，也是我們的福。

在公墓中，時間是一個理所當然的主題，特別是當你面對著葬於黑石條墓下面的《追憶似水年華》的作者普魯斯特時，這個主題更凸顯出來。在此墓前，人們一定會想，在死亡面前，人人平等。

喜歡普魯斯特作品的人會想到，作為眾生中的一員，除了留名之外，他還代表著一種「尋覓」，在這種尋覓中，我們都能找到自己的影子。「失去的天堂」（Combray）出現了，人們還會把「朝聖」這個詞與普魯斯特的生活聯繫在一起。

在他母親辭世後，他把自己封閉在房間裏達十七年之久，為了寫作，為了重新找回他的Combray。也許正是他的這種「朝聖」阻攔了時間的致死意圖。

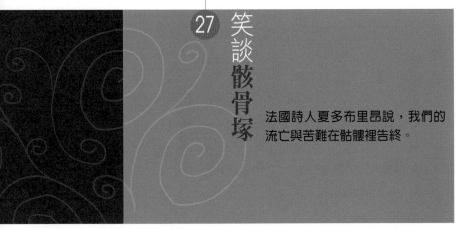

27 笑談骸骨塚

法國詩人夏多布里昂說，我們的流亡與苦難在骸髏裡告終。

當人們進入巴黎的骸骨塚——最大的地下骨葬所時，誰也無法否定這句實話。

這裏堆放著幾百萬死人的頭骨。

這座骸骨塚是十八世紀建成的。其前身是西元五世紀在菜市場區開闢的一片公墓。1130年，一個被折磨致死的孩子葬於此處，這座公墓從此得名「無辜者公墓」。

在一千多年中，這裏的下葬活動從未中止過。

由於戰爭、饑餓和瘟疫，死者的數量之大致使墓滿為患。

公墓的地面高於周圍地段，屍體的分解助長著病疫的傳播。在公墓周圍，食品幾天內變質，葡萄酒用不了一個星期就變成了醋。

1780年初，屍體的腐味甚至穿透鄰近的酒窖，熄滅了進入酒窖者的燭光。

同年五月，在千萬屍體的擠壓下，許多墓壁坍塌了。事故發生後，市政當局永久性地關閉了這座大公墓。1785年，從公墓中起出的遺體開始移往後來的骸骨塚。

用了十五個月的時間才把六百萬巴黎人的屍骨運到了採石場。從高盧——羅馬時代，這裏就是開採石灰石的場地。

▌巴黎的骸骨塚

人們把遺骨從墓穴中起出，清除腐物，然後堆放在靈車中。天黑下來的時候，運送骸骨的車隊從「無辜者公墓」啟動了。

帶領車隊的是教堂的唱詩班，他們手執冥燈，唱著聖詩，一直將骸骨護送至存放處。接下來，骸骨被整齊地碼起來，碼成了牆，此後，這裏作為參觀場所對公眾開放。

跟著導遊走，人們看到有些標牌注明骸骨的出處以及移放的年份，還發現，不同代的遺骨混置在一起，好像死亡帝國的統治是為了譏諷活人一樣。活人是多麼看重自己的身份啊！

在這片土地上，富人與窮人的遺骨、教士與強盜的遺骨、白癡與笛卡兒的遺骨，都安然共處，不分尊卑了。

參觀骸骨塚，一方面挺嚇人，另一方面，它也向你表明，人可以通過幽默來克服對死亡的恐懼。

以骸髏當磚疊成一面牆，這難道不是笑傲死亡嗎？

骸髏嚇人，人抿以漠然一笑。

這麼一笑，人便戰勝了對於命運的恐懼，因此做起人來也就少了些痛苦。

▌骸骨塚

在骸骨塚，人們懂得了，生命是短促的，骸髏才是長壽的。

看了骸骨塚，佛教徒會加緊修行除妄，以求圓寂。而佛教之外的人將會加緊行動，以滿足自己的欲望。

不管怎樣，死亡的確定無疑將促使你重新考慮如何活法。也許，你會改變你的生活軌跡。

觀看日出與歸入骸骨塚，皆為必需。

只有看了黑暗，才能使你覺得白天皎亮。

METROPOLIT

METROPOLITAIN

28 還是「悲慘世界」

大概由於在巴黎的地下埋藏著許許多多的死者，所以在十九世紀末的時候，許多人反對修建地鐵。
有人甚至開玩笑說，地鐵就是大公墓。

從某種意義上來講，這的確也是個公墓，曾經有五位工人在修建夏特萊至聖米歇爾地鐵線時身亡。另外還曾發生過兩次嚴重的事故，都是由於乘客沒有遵從指令造成的。

第一次事故發生在1903年。一輛地鐵客車在梅尼爾蒙當車站著火，濃煙一直彌漫到古洛納車站。那裏正有另一列車載著三百名乘客等待發車的信號。由於黑煙越來越近，車站管理人員要求乘客們下車走出車站。但是那些乘客卻回答：「那我的三法郎呢！我的三法郎呢！」（當時的一張車票錢）儘管危險臨近了，仍沒有人下車。

突然，濃煙彌漫了車站，籠罩了地鐵出口的階梯。所有的燈都熄滅了，只有那些對地鐵熟悉的人才

METROPOLITAIN

ABBESSES

Musée de Montmartre
12 RUE CORTOT
Tous les jours de 11h00 à 18h00 (sauf lundi)

新藝術風格的地鐵「王妃站」

能穿過濃煙，找到出口。其他人則被濃煙嚇壞了，又往回跑，窒息在月臺裡。

第二次事故發生在1918年，是在一次空襲巴黎的過程中。當時許多人在玻利瓦爾省車站周圍，觀看敵人的飛機飛過。突然一顆炸彈爆炸了，人們急忙往地鐵口跑去。但是地鐵口的門是關著的，而且只能從裏往外開。人群亂擁猛擠，許多人被踩死。第二天統計，有66具屍體。

現在，也還有一些人是死在地鐵裏，有些是自殺，有些人是因為不遵守信號死於事故。

百年前的巴黎地鐵「王妃站」

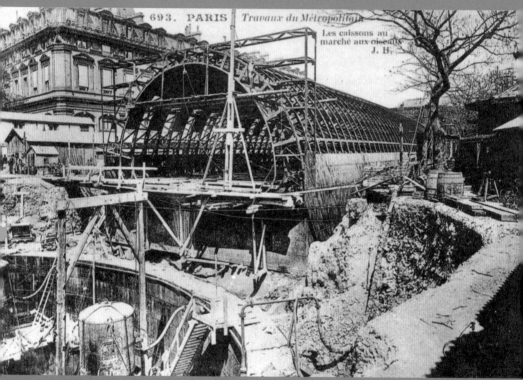

693. PARIS Travaux du Métropolitain

Les caissons au
marché aux oiseaux
J. H.

100多年前，巴黎開始建設地鐵

但是最令人印象深刻的,是在那裏以乞討為生的失業者和無家可歸者。你總能碰見一個可憐兮兮的人,坐在地上,伸出手來,或是面前擺著一張紙,敘述其窘境。他長時間地坐在那裏,唯一的希望是看見有一枚硬幣落入他的帽中。

乘客上車時,常會有人尾隨,等車門一關,他便開始向你訴説苦難。

有時是一個老婦,哀求人們給她一個法郎。無論是那些給了錢的人,或是那些寧願換乘另一個車廂的人,都感到很不舒服。

有時又是個年輕點的女人,衣著骯髒,一臉苦相,背著個嬰兒,向你乞討給孩子買牛奶的錢。

那些總是被視為小偷的吉卜賽女人常會使你想起雨果小説中的艾絲美拉達。

有時你還會碰上一個剛從監獄裏出來的男子,向你述説他的日子如何難過,以期打動你的心,最終獲得你的硬幣——這算是個聰明的乞討者。

如今在巴黎,再也見不到雨果小説中描寫的那群盲人、獨臂殘疾人、罪犯等等,但是仍舊有許多失業者、無家可歸者,以及一些離鄉背井走投無路的人呆在那裡。

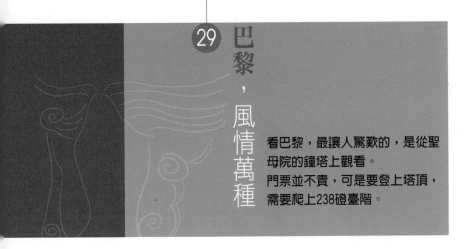

29 巴黎，風情萬種

看巴黎，最讓人驚歎的，是從聖母院的鐘塔上觀看。
門票並不貴，可是要登上塔頂，需要爬上238磴臺階。

當你登到最高處時，你簡直就被驚呆了，景致美極了。這是多少個世紀的美的積聚，它將巴黎城造就為一件藝術傑作。

樓梯要分幾層來爬。

在第一層，有一個小小的展覽，它向遊人敘述這座大教堂的歷史，它出自一位天才的，卻沒有留下名字的建築師之手。

建設工期長達一百五十多年，在接下來的二百年裏，即十七和十八世紀，這座建築物被東拆一塊西拆一塊，從未間斷。

就這樣，到了1802年，只剩下一個房架子了。很可能，如果沒有維克多·雨果的小说，這座大教堂也不會交由維奧萊·勒·迪克修復了。大教堂原來是按

巴黎聖母院連接兩個鐘樓的廊子，以動物形象為飾物的簷槽排水口

中世紀精神而設計的，維奧萊‧勒‧迪克吸收了原作的精神，大膽地將之重建起來。

在攀登第二層時，連接兩個鐘樓的川廊便很特別。維奧萊‧勒‧迪克在這裏設計了以動物形象為飾物的簷槽排水口，這無論對於建築本身還是對於教堂的十三世紀的彩繪玻璃窗都是必不可少的。

在這些簷槽中，有一個塑像不是動物，而是人，那不是別人，正是建築師本人。他帶著中世紀式的帽子，注視著教堂的青石板屋頂。

這位浪漫的建築師記述了他修復教堂的始末，主導思想不是重現原作，而是以十九世紀的眼光重新審視中世紀——為拯救而改觀。

從簷槽廊登上最後一個臺階時，你是被激動簇擁上來的。你邊登邊看到了全城的景色，那花邊狀的刻石也顯現在你的眼前。

從大教堂頂端放眼四望，巴黎的著名建築一一呈現，完全像在電影中一樣：聖心白教堂，聖雅克塔，艾菲爾鐵塔，榮軍醫院，先賢祠。

你轉身向聖路易島往下望，就看到大教堂的令人賞心悅目的法式花園，園中小路兩旁大樹的樹冠都被修剪成整齊的方塊。

往左轉身，看到的是塞納河。它張開兩臂，擁抱著聖路易島。

這時，比亞夫唱過的《巴黎的天空喜愛聖路易島》和《在聖母院周圍，什麼都好》等歌曲似乎又迴響在耳邊。

如果你趕上大鐘鳴響，你會感覺這是鐘樓怪人加西莫多出來了，他正在一根粗繩上擺動，盪著秋千。

如果你不急於歸返，你會看到巴黎由兩種顏色組成，石頭的灰色和塞納河水的蔗綠。於是你便想到，一個風貌如此的城市的確有助於想像力的解放，它推動著雷諾瓦、莫內、馬奈揮筆作畫，也讓那位專畫鐵塔的德洛內用起色彩來無拘無束。

在鐘樓的頂端，你似乎又聽到了埃迪特·比亞夫粗獷而絕妙的歌喉，這時，你唯一的遺憾是想到，千年之後，你將不再在這個世界上，當然也就不能再看到如此的風光。

自願放逐於此的我，此時仿佛已化作一道彩虹，飛揚在風情萬種的巴黎上空。

PARIS

縱觀天下

風情萬種是巴黎

作者◆貝蒂・米蘭

譯者◆楊起　梅貽白

發行人◆王學哲

總編輯◆施嘉明

責任編輯◆翁慧君

特約美編◆江美芳

出版發行：臺灣商務印書館股份有限公司

台北市重慶南路一段三十七號

電話：(02)2371-3712

讀者服務專線：0800056196

郵撥：0000165-1

網路書店：www.cptw.com.tw

E-mail：cptw@cptw.com.tw

網址：www.cptw.com.tw

局版北市業字第993號

出版一刷：2006年5月

定價：新台幣 280 元

本書經北京花生文庫圖書有限責任公司授權出版發行

ISBN 957-05-2052-3

版權所有 翻印必究

風情萬種是巴黎 / 貝蒂・米蘭著；楊起，梅貽
白譯. -- 初版. -- 臺北市：臺灣商務,
2006 [民95]
　　面；　公分 -- (縱觀天下)

ISBN　957-05-2052-3(平裝)

1. 法國巴黎--描述與遊記

742.71　　　　　　　　　95005968

縱觀天下

縱觀天下

縱觀天下

縱觀天下